JN184419

キリスト教　どうとく副読本　小学校五年、六年

よろこび

燦《さん》葉《よう》出《しゅっ》版《ぱん》社《しゃ》

はじめに

　この本は、聖書科の授業の補助教材です。私たちは、どのように生活すべきでしょうか。それを考える学科を「道徳《どうとく》」(倫理《りんり》) といいます。この本の中には、生活のしかたや考えかたについて、聖書の教えに基《もと》づいた話が書いてあります。

この本は、次の点を、とくに大切にしています。

1　神を中心にものごとを考える人になろう。
2　りんじんを愛する人になろう。
3　人間の自由を大切にする人になろう。
4　民主的な考えをもつ人になろう。
5　かけがえのない一人一人を大切にする人になろう。
6　他《た》の人々と共に生きる人になろう。

この本は、家族の方にも、読んでいただきたいと思って書かれています。
この本の中に出てくる聖句は、『新共同訳聖書』(日本聖書協会発行) を引用《いんよう》しています。

目次

1　神が宇宙《うちゅう》を創《つく》られた　（創造《そうぞう》）

「神は北斗《ほくと》やオリオンを、すばるや、南の星座を造られた。」（ヨブ記　九・九）

神が世界を創造《そうぞう》されました。
どのように？
神が声を発すると、世界ができました。
世界って、どこまでが世界なの？
わかりません。

私たちは、科学が発達した時代に生まれました。
宇宙《うちゅう》というのがあることを知りました。
宇宙《うちゅう》の外は、どうなっているのかしら？
宇宙《うちゅう》はまだ広がりつづけているそうです。
だから宇宙《うちゅう》の外は、だれにもわからないのだそうです。

地球は「ラニアケア　超《ちょう》　銀河団《ぎんがだん》」とよばれるものの中にあります。
超銀河団《ちょうぎんがだん》というのがいくつもあるものだから、

「ラニアケア」という名前を人間が付けたんだって。
さらに「ラニアケア超銀河団《ちょうぎんがだん》」の中に、
「おとめ座　超　銀河団」というのがあるそうです。

人間の頭では、想像できないくらい大きな、
超銀河団をつつみこんでいるさらに大きな超銀河団に、
ラニアケアという名前を付けたんだね。
その中の「おとめ座《ざ》　超《ちょう》　銀河団《ぎんがだん》」に、
私たちの地球があるというわけなのです。

話は、まだまだつづくのです。
「おとめ座超銀河団《ざちょうぎんがだん》」の中に、
「局部銀河群《ぎんがぐん》」というのがあるんだって。
その中に五〇こくらいの「銀河系《ぎんがけい》」があるそうです。
頭の中が、混乱《こんらん》してきそうになりますね。

ある一つの「銀河系《ぎんがけい》」のはしっこに、
「太陽系《けい》」というのがあります。
太陽のように自分で光を出している星が、

「銀河系《ぎんがけい》」の中には、約《やく》一〇〇〇億こもあります。
大空は、神の栄光をたたえています。

ようやく地球に近づいてきました。
地球は、太陽系《けい》の中にあります。
太陽のまわりには、水星、金星、地球など八つの「わく星」があります。
その一つ「地球」に私たちは住《す》んでいます。

聖書《せいしょ》は、これらすべてを造《つく》っているのが神だと教えます。
聖書《せいしょ》の時代は、まだ科学が発達していませんでしたから、
ただ、「神が世界を創造《そうぞう》した」とだけ教えています。
神は「ことば」を発して「無《む》」から「有《ゆう》」を造《つく》りました。
最初におられたのは、ただ神だけでした。

その神のふところにいた方を神の子とよんでいます。
神の子は、一度だけ、人の姿《すがた》をとって、地球にやって来ました。
それがイエス・キリストです。
私たちのためなら死んでもよいと思いました。
神は愛のかたまりのような方です。
神は愛です。(ヨハネ一、四・一六)

神はあなたのことを、よく知っています。
「あなたがたのかみの毛までも、
一本残らず数えられている。」(マタイ　一〇・三〇)

神は全能《ぜんのう》です。
その神が言われました。

「わたしの目にあなたは値《あたい》高く、貴《とうと》い。
わたしはあなたを愛している。」(イザヤ　四三・四)

あなたは、この宇宙《うちゅう》で、ただひとりの人です。

あなたの代わりになる人はいません。
あなたのりんじんも、神の目に貴《とうと》く、価値《かち》のある存在《そんざい》です。
すべての人が神に愛されています。

考えてみよう

1　全能《ぜんのう》の神とはどのような意味でしょうか。
2　神の愛はどれほど大きいでしょうか。

2　神のすがたに　にています

（人権《じんけん》）

「神はご自分にかたどって、人を創造《そうぞう》された。」（創世記《そうせいき》　一・二七）

神は、ご自分の姿《すがた》に、似《に》せて、人間をつくりました。
おかあさんの　おなかの中にいるあかちゃんも、
生まれてきたばかりの　あかちゃんも
子供《こども》たちも
おとなも　おとしよりも、
ベッドに、一日中　ねている人も
男も　女も
片足《かたあし》のない人も、
心や体に　障《しょう》がいを、もっている人も、
ひふの黒い人も、白い人も
みな神の姿《すがた》に　似《に》ています。

神の姿《すがた》に　似《に》せて　造《つく》られたということは、
人間は、ほかの生きものとちがい、

とくべつな　生きものに、造《つく》られたということです。
これを「人間の尊厳《そんげん》」といいます。
あるひとりの人のうしろには、神の姿《すがた》があります。
神の姿《すがた》は、　その人の姿《すがた》と　にています。
人間は、貴《とうと》いものです。

たとえ罪を犯《おか》した人でも、
人としての尊厳《そんげん》があります。
死んだ人の体にも尊厳があります。
それは、神の姿に、にているからです。

人間は、他の人を、動物のようにあつかったり、
いじめたり、はずかしめてはいけません。
それは神の姿《すがた》に　似《に》たものを　傷《きず》つける　行いです。
それは神に、反こうすることです。

神は、土をこねて人間をつくりました。
人間は、こわれやすい　生きものです。

土の器です。
いつか、また、土にかえります。
たがいに　いたわりあい、助けあいます。
そうしないと　生きていけないのです。
人を傷《きず》つけてはいけません。
人を殺すことは、もっともいけないことです。
人の命は、地球よりも重いものです。

神は、土の器である人間に、「神の息《いき》」をふきこみました。（注1）
すると、人間は霊《れい》をもつものになりました。
そして、生きたものとなり、動《うご》きました。
人間の中にある霊《れい》は、いだいな力をもっています。
それは　その人を　一生うごかす　エネルギーをもっています。

神は人間に　世界を治《おさ》めるように　ゆだねました。（注2）
大地も　海も　空も　宇宙《うちゅう》も　人間に　ゆだねました。
それは、何でも、自由にできるという意味ではありません。

神の　教えに　したがって、ただしく治《おさ》めなければなりません。
自分が　いつも　神を愛しているかどうか、
自分が　いつも　りんじんを愛しているかどうか、
それを考えなければなりません。

神の姿《すがた》に　似《に》せて　造《つく》られた私たちは、
神の心を、たずねながら
この世界を、大切にします。

（注１）創世記　二・七
（注２）創世記　一・二六

考えてみよう

１　人間には、なぜ尊厳《そんげん》があるのでしょうか。
２　テレビなどで、事件の容疑者《ようぎしゃ》の顔を映し出さなかったり、死体を映し出さないのは、なぜでしょうか。
３　あなたは、かわいそうな人、きたない人、弱い人をみくだしたことがありませんか。

3　ピラト　―「わたしには責任《せきにん》がない」と言った人―

（責任《せきにん》）

「ピラトは、それ以上言っても、むだなばかりか、かえって騒動《そうどう》が起りそうなのを見て、水をもってこさせ、ぐんしゅうの前で手を洗って言った。『この人の血について、わたしには責任《せきにん》がない。お前たちの問題だ。』」（マタイによる福音書《ふくいんしょ》　二七・二四）

「きのうの夜から、外がちょっとさわがしいようだな。何かあったのか。」

はるばるローマから、こうていの命《めい》をうけて、このユダヤのそうとくとして、はけんされていたポンテオ・ピラトは、朝の太陽の光をうけながら、部下にたずねました。

「はい。かっか。ユダヤ人どもが、イエスとやらを連れて来て、何かさわいでいます。」

「また、その話か。」

「はい。きょうは、イエスを死けいにしてくれと言ってさわいでいます。」

「死けいとは、またきびしい要求をしてきたもんだ。」

ピラトは裁判《さいばん》の席につきました。

「では、きょうの裁判《さいばん》を始める。何の要求だ。」

「ピラトさま。いつにもまして、きょうは、お顔がまばゆくかがやいています。かっかのごいこうで、このユダヤはなんの問題もなく、治まっております。ひとえに、かっかのお力でございます。」

「おせじはよいから、さっさと用件《ようけん》をのべよ。」

「はい。かっか。ごぞんじのとおり、きょうは、私どもユダヤ人の、もっとも大切な過越《すぎこ》しのお祭りでして。」

「そのようなことは、よくわかっている。それで、だれを、しゃくほうしてほしいのだ。イエスという男を、ゆるしてほしいのか。」

「と、とんでもございません。イエスなら、いま、ここにつれてきています。この男は、とんでもない悪い男でございます。この男をしけいにする、おゆるしをいただきたいのでございます。」

「お前たちは、よほど何も知らないとみえる。一人の人をしけいにするなど、そう簡単《かんたん》にできることではない。そんなことぐらい、お前たちだってわかっているだろう。」

ピラトは、ユダヤ人の祭司長《さいしちょう》や律法学者《りっぽうがくしゃ》の腹《はら》のうちを、よくわかっているようです。そこにいたのは、ユダヤ教の祭司長《さいしちょう》や律法学者《りっぽうがくしゃ》、長老、そしてその手下の者たちでした。

「ピラトさま。おっしゃる通りでございます。しけいの許可《きょか》がどれほど重いものか、私どもは、よくわかっております。それで、昨夜から、私どもは大祭司《だいさいし》さまのご意見をうかがっておりました。」

「ほう、さようか。では、どのような罪《つみ》なのか。大祭司《だいさいし》は、なんと言ったのか。」

「はい。ピラトさま。この男は、安息日《あんそくび》のおきてを守らなかったのでございます。」(注1)

「安息日《あんそくび》のおきてだと。そんなもんは、私だって守っておらんわ。それで、しけいにしろというのか。お前たちは、どうかしておるのではないか。」

「ピラトさま。ごぞんじかもしれませんが、じつは、このイエスは、ガリラヤのいなか者なのですが、病人を、もののみごとに、いやすのでございます。しかも、安息日《あんそくび》に。」

「それは私も聞いている。だから私もいちど会ってみたいと思っていたのだ。なかなか良い話もするそうじゃな。ところで、それがしけいの罪《つみ》にあたるのか。ほうびを出すべき話ではないか。それとも、お前たちは、その男の評判《ひょうばん》がよいので、やいておるのではないか。」

「と、とんでもございません。」


ピラトは、ユダヤ人の指導者《しどうしゃ》が、ローマていこくの名をかりて、民衆《みんしゅう》に評判《ひょうばん》のよいイエスを、まっさつしようとしていることを、よく知って

いるようです。

「ピラトさま、じつをもうしますと、この男は自分を神の子だというのです。」

ピラトは、少しいらいらしてきました。

「お前たちは、いつも神、神、神ともうす。私にはなんのことやら、さっぱりわからん。もう帰れ。私はお前たちユダヤ人の宗教《しゅうきょう》の話なんぞに、つきあうほどヒマではないのだ。」


ピラトは、かしこいそうとくでした。

彼の座席《ざせき》のうしろには、ローマていこくの旗が立っていました。左右には、やりをもった兵士が、まっすぐ前をむいて、じっと立っています。ここユダヤでは、ていこくに反乱《はんらん》をくわだてる命しらずの政治犯《せいじはん》がいるので、つねに警《けい》かいしていました。いったんさわぎが起これば、兵士をひきつれて、武力《ぶりょく》で、おさえこめばよいだけです。ピラトには、その勇気がありました。しかし、頭をつかって、さわぎをくいとめるのが、かしこい、かれのやりかたでした。


そこに一人の兵士がやって来て、ピラトの耳もとで、ピラトの妻《つま》の伝言《でんごん》をつたえました。

「あなた、イエスという男のことで何かあったら、ぜったいに関係しないでください。ほうっておいてください。私はきのうの夜、へんな夢《ゆめ》を見ました。あの人は正しい人です。」

ピラトはそれを聞いて、目をつむりました。何かを考えたようです。


ピラトはいいました。

「そのイエスとやらと話をしてみよう。」

「かっか。さきほどから、ここにおります。」

イエスは、はじめから、人々と同じように立っていました。どれがイエスなのかを、ピラトが気づかなかったようです。

「お前がイエスか。」

そうとくの前に出たイエスは、なにごともないかのように、静かに立っていました。目があいました。ピラトは、いっしゅん、ドキッとしました。ちんもくがつづきました。あまりにも静かです。人々は、何が起こるのか、見守りました。しけいの判決《はんけつ》を、いいわたすのか、それとも、しゃくほうか。

「お前が、ユダヤの王なのか。」

「わたしは、自分がユダヤの王だなどと、いちども言ったことはありません。『ユダヤの王』という言葉は、今あなたがおっしゃった言葉です。」


ピラトは、とても、ひこくにんとは思えない、静かなイエスを前にして、自分が、イエスの前に立たされているのではないかとさえ思えてきました。

人々のざわめきが起こりました。祭司長《さいしちょう》や長老たちが、口々に、イエスの悪口を言いたてました。ピラトもイエスも、じっとして、だまっていました。

ピラトは、イエスを、このユダヤ人のくわだてから、守ってやろうと考えました。イエスが、何か弁明《べんめい》してくれれば、「きょうのところは、これまでだ。裁判《さいばん》を延期《えんき》する」と言うことができました。

「イエス。みなが、あれほどお前に不利《ふり》なことばかり言っている。聞こえないのか。何か言え。」そう言われても、イエスはだまっていました。ピラトはこまりました。

「諸君《しょくん》。これでも、しけいにしろというのか。お前たちは、きょうの祭りで、だれをしゃくほうしてもらおうと思っているのか。」

「ピラトさま。バラバを、バラバをしゃくほうしてください。」

「なに。バラバをゆるし、このイエスを、しけいにしろというのか。話がおかしいではないか。」

バラバは悪人でしたが、えいゆうのように思われていました。イエスをしけいにして、バラバをしゃくほうするのは、いくらなんでも、おかしな話です。うったえる人々の形勢《けいせい》が悪くなりかけました。


今までだまっていた、一番えらいようにみえる、ひとりの長老が、前に出て、

「そうとくどの、よくお考えください。今は過越《すぎこ》しの祭りのまっさいちゅうです。このエルサレムは、世界中から集まったユダヤ人で、ごったがえしています。みなこうふんしています。暴動《ぼうどう》が起こるかもしれません。そこのところを、よくお考えください。大祭司さまですら、このイエスを、しけいにするようにと、おっしゃったのですぞ。」

昨夜《さくや》から打ち合わせてあったように、ここが勝負とばかりに、おしかけていた手下の若者《わかもの》が、

それぞれ大声をあげました。

「死刑《しけい》だ。十字架《じゅうじか》につけよ。」

「そうだ、十字架《じゅうじか》だ、殺せ、バラバをしゃくほうしろ。」

かんていは、そうぜんとなりました。

ピラトの顔がゆがみました。かれは、部下に、何かをつぶやきました。部下は水の入った容器《ようき》をもってきました。みなが静まりました。

「お前たち、よーく見ておけ。」

そうとくピラトは、静かに、ていねいに、その水で手をあらいました。

「見たか。私は手をあらった。この意味がわかるか。このイエスを十字架刑《じゅうじかけい》にするのは、私ではない。お前たちだ。いいか、わかったか。私は関係ないのだぞ。」

一番えらいようにみえる長老が言いました。

「わかりました。この責任《せきにん》は、私たちが負《お》います。子や孫の時代になっても、私たちが負《お》います。」

祭司長《さいしちょう》や律法学者《りっぽうがくしゃ》、長老たちは、口々に、

「そうだ。われわれが責任《せきにん》を負《お》う。」

どこからともなく、人々のなかで、「うまくいった」という声が聞こえてきました。

「お前たちのすきにしろ。」

そういうと、ピラトはなにくわぬ顔をして、おくに引き上げて行きました。

そして、イエスはゴルゴタという所で十字架《じゅうじか》にかけられました。

（注１）安息日《あんそくび》とは、一週に一日、仕事をしないで、体を休ませる日です。ユダヤ教のおきてによれば、安息日《あんそくび》に、病人をいやすのは、仕事をすることになるので、絶対にしてはならないことでした。しかし、イエスは安息日《あんそくび》にも病人をいやしました。

考えてみよう

１　あなたは、しけいを言いわたしたピラトの責任《せきにん》が、手を洗うことによってなくなり、人々に移《うつ》ったと思いますか。

２　人間は、それぞれこの社会のなかで、責任《せきにん》をもっています。たとえば、首相《しゅしょう》の責任《せきにん》、校長の責任《せきにん》、教師の責任《せきにん》などです。私たちの責任《せきにん》は、どのようなものでしょうか。

4　「君は背《せ》が高いね」（いじめ）

「兄弟たち、悪口《あっこう》を言い合ってはなりません。」（ヤコブの手紙　四・一一）

あなたは友だちとけんかをしたことがありますか。きっとあると思います。幼《よう》ちえんでも、「そのおもちゃを貸《か》して」とだれかが言い、「いやだ」と断《ことわ》ってけんかが始まります。人間は、幼児《ようじ》のときから、いろいろな人と交わり、仲よくしたり、けんかしたりしながら成長します。そのようにして、人間の社会性が、養われていきます。

人間は生まれたときから「罪《つみ》」という性質《せいしつ》をもっています。そこから「わがまま」とか「自分だけが楽をしたい」という思いや行いが出てきます。ですから、けんかや争いは、だれにでもあることなのです。あなたが友だちとけんかをしたり、いやなことをされて泣かされたりしても、それは人間であれば、だれでもあることなのです。

しかし、人間には、絶対《ぜったい》にしてはならないことがあります。それは聖書の中で教えられています。たとえば、「殺《ころ》してはならない」とか「ぬすんではならない」とかの神のいましめです。あなたは、学校でこれらの聖書の教えを学んでいます。聖書は、人間がどのようなことをしなければならないか、またしてはいけないかを教えています。それはちょうど船の「らしんばん」のようなものです。してはいけないことの中に「いじめ」があります。どのようなことが「いじめ」になるのでしょうか。いっしょに考えてみましょう。

1　名前によるいじめ

あるとき、二人の小学生がいて、一人の子が「アコちゃん、アコちゃん」と、もう一人のお友だちの名前を呼んで、仲《なか》よく遊んでいました。ふと「アコちゃん」と言うつもりが、言葉がすべって「アクちゃん」になりました。「アクちゃん」は漢字の「悪《あく》ちゃん」と同じ発音ですから、「ごめんね」とあやまりました。その日は、それで終わったのですが、翌日《よくじつ》から、お友だちは、わざとまちがえて「アクちゃん」と呼び始めました。おもしろいので、クラスのほかのお友だちも、「アコちゃん」のことを「アクちゃん」と呼ぶようになりました。

一か月ほどして、アコちゃんは、学校に来なくなりました。アクちゃんと呼ばれることが、すごくいやだったからです。

名前をはやしたてるのは、いじめになります。

愛しょうではなく、変《へん》なあだなを付《つ》けることは、いじめになります。

名前は、ほかの人とその人を区別《くべつ》するために付《つ》けられています。名前がないと、その人がいることを、認《みと》められていないようでかわいそうです。名前は、親が付けてくださった大切なものです。その親の上には神がいます。ですから、その人の名前は、神からあたえられたようなものです。人の大切な名前を、悪くいうことは、いけないことです。

2　体の特《とく》ちょうによるいじめ

背《せ》がすらっと高いAさんという女の子がいました。学校では、たいへん人気がありました。ある男の子が、「東京タワーのように高いね」と言いました。その男の子は、Aさんの背《せ》の高さを、ほめて言っているつもりでしたが、いつのまにか、Aさんには「タワー」というあだなが付《つ》きました。じつは、Aさんは、「背《せ》が高い」といわれるのがいやでした。そのためによく大人とまちがえられて、こまることがあったからです。「タワー」というあだなは、だいきらいですし、背《せ》の高さのことは、何も言わないでほしいと思っています。それで、最初に「タワー」と言った子をうらんでいます。

人間は、神の姿《すがた》ににせて造《つく》られた特別なものです。体が小さいこと、大きいこと、太っていること、やせていること、歩き方に特ちょうがあること、メガネをかけていることなどを言わないようにしましょう。なぜなら、人間はみなそれぞれ個性《こせい》をもって神に創造《そうぞう》された貴《とうと》いものだからです。

「わたしの目に、あなたは値高《あたい》く、貴《とうと》い。」(イザヤ　四三・四)

その人がもって生まれた体は、変《か》えることはできません。人の体の特《とく》ちょうについては、絶対《ぜったい》に言わないようにしましょう。

3　からかうことはいじめです

いじわるくからかうことは、いじめになります。友だちの気を引こうとして、その友だちのいやがっていることを「言う」ことは、いじめになります。たとえば、ある子が、ある成績《せいせき》のよい生徒を、「天才君」と呼びました。尊敬《そんけい》の意味をこめて呼《よ》んだつもりだったのですが、言われた人は「からかわれている」と感じました。言う人は、いじめているつもりはなくても、言われる人にとっては、いやな気持になりますから、いじめの一種になります。ちょっとした言葉でも、言う人と言われる人では、受け取り方が、大きくちがいます。本人から「そういう言い方はやめてください」と言われたら、あやまり、今後は言わないようにしましょう。

「耳の聞こえぬ者を、悪く言ったり、目の見えぬ者の前に、障《しょう》がい物《ぶつ》を置いてはならない。」(レビ記　一九・一四)

4　友だちのものをかくすのは、どろぼうになり、いじめになります

B君が、休みの時間に、トイレに行き、帰って来て見たら、机《つくえ》の上に自分の教科書がありません。クラスの中のだれかが、どこかにかくしているにちがいありません。教科書は、その日のうちにB君の机《つくえ》の中に、こっそり返っていました。

「ぬすんではならない。」(出エジプト　二〇・一五、「十戒《じっかい》」の第八戒《かい》)

その人のゆるしを受けないで、物をかってに持って行くことを「ぬすみ」と言います。人の物はけっして取ったり、かくしたりしてはいけません。

5　人の物をこわすのはいじめになります

人のノートやくつを投げたりして、きずつけたり、こわしたりすることは、いじめになります。

6　友だちを、おしたおすことは、いじめになります

スポーツや体育の時間に、人をたおすことがあっても、それはやむをえないことです。しかし、口でけんかをしていたときに、人をつきたおしたり、首をしめたりすると、それらはいじめになります。

7　なぐるのはいじめになります

力の強い子が、弱い子に暴力《ぼうりょく》をふるうことはいじめになります。男の子が、女の子に暴力《ぼうりょく》をふるうこともいじめになります。

8　いやがっていることを、人にさせるのは、いじめになります

三人の男の子が、M君に、「このぼうしをかぶれ」と命じました。Mくんは「いやだ」と言ってことわりました。三人の男の子たちは、Mくんに、しつこくぼうしをかぶるようにいいました。これはいじめになります。むりに買い物に行かせることもいじめになります。

9　お金を借りることは、いじめになる場合があります

その場で、お金がなくて困《こま》っている場合、友だちもその事情《じじょう》をよくわかっているばあいで、しかも親との連《れん》らくもとれない場合には、お金を借りたり貸したりすることは、やむをえないことです。この場合には、あとで親に説明して、その日のうちか翌日《よくじつ》にお金を返すようにしましょう。しかし、おこづかいが不足した場合に、友人からお金を借りることはいけないことです。たとえ相手が貸してくれたとしても、いやいや貸したかどうかという相手の心までは、だれもわかりません。ですから、友だちからお金を借りることは、いけないことです。さらに二度も三度もお金を貸してくださいと言うことは、いじめになります。

10　仲間はずれにすることはいじめです

何人かの友だちと遊ぶことはよいことです。何か理由があって、あるひとりの子を、遊びに

さそわないことも、ありうることです。なぜなら、そのひとりの子は、その日はいつもおけいこごとがあるからです。

しかし、クラスの人たちが、いっせいに、ひとりの子を無視《むし》することは、いじめになります。その場合、むりやり無視《むし》するように言われて、無視《むし》してしまった人も、いじめに加《くわ》わったことになります。このような場合、いち早く、先生や親にそのことを話して助けを求《もと》めましょう。

「あなたは多数者についずいして、悪を行ってはならない。」(出エジプト 二三・二)

11 悪いうわさを流すことはいじめです

「あの子はいじわるです」とか「あの子の親は、犯罪者《はんざいしゃ》です」とかいうように、人のことを悪く言いふらすことはいじめです。ネット上でも、同じことをすると、それはいじめです。それは非常《ひじょう》にいけないことです。

「あなたは、こんきょのない、うわさを、流してはならない。」(出エジプト 二三・一)

考えてみよう

1 あなたは、人から何かいやなことを言われたことがありますか。また、あなたは、人のいやがることを言って、からかったことがありませんか。

2 体に障がいをもった人に出会ったとき、あなたはその人をどう思いますか。

5　日本の中の差別　（ゆるし）

「キリストは、わたしたちの平和であります。二つのものを一つにし、ご自分の肉において、敵意《てきい》というへだてのかべを、とりこわし（ました）。」（エフェソの信徒への手紙　二・一四）

チオンさんは、朝鮮語《ちょうせんご》と日本語を話す女の子です。朝鮮語《ちょうせんご》のことを韓国語《かんこくご》ともいいます。家の中では、朝鮮語と日本語で話しますが、学校では、朝鮮語《ちょうせんご》だけを話します。彼女は東京にある朝鮮初級学校《ちょうせんしょきゅう》（小学校）の六年生です。

学校が終わり、友だち数人と校門を出ました。また、学校の中の気持ちのままで、自然に朝鮮語《ちょうせんご》で話しました。

「イッタガ、ウリチベ　オルレ？」（あとで、私の家に遊びに来ない？）

「ヨガッペ、カゲロカジャ」（駅前のお店に行こうよ！）

「ヨントンヌン　オルマナ　カジョガルレ？」（おこづかいを、いくらもって行くの？）

「ナ　ドン　オプソ」（わたし、ビンボーっ子）

「ネガ　サジュルケ」（おごったげる）

「チンチャ？」（本当？）

六年生の女の子の一団が、わいわい言いながら家に帰って行きます。小学校の近くなら、日本中どこにでもあるような、楽しそうな光景です。

とつぜん、

「てめえら、朝鮮人《ちょうせんじん》か。うるせーぞ。

ここはにっぽんだ。日本語を話せ！

ぶっ殺すぞ！

朝鮮《ちょうせん》に帰れ！」

と、すれちがう男の人に、すぐ近くから、どなられました。

女の子たちは、いっしゅん、氷のようにかたまりました。その男の人は、六〇才くらいの人でした。知らんふりをして、向こうの方に、歩いて行きました。

「びっくりしたー。なに、あれ。」

「わたしは、前にもやられたことがあるから……」

「私も、これで三度目だわ。」

「あれが、いやがらせよ。」

そう言ったあとで、みんなの心臓《しんぞう》がどきどきし始めました。そして、みんなは、だまってしまいました。家が近づくと、みんなは、それぞれ「アニョヒケセヨ」(さよなら)と言って、暗い気持ちでわかれました。

チオンさんは、家に帰って、弟の明夫《あきお》に、今あったことを話しました。弟はだまって、なにも言いませんでした。明夫《あきお》は、自分が日本人だと思っているので、お姉さんの言っている意味がよくわかりませんでした。チオンさんの家では、ほとんど日本語で話します。

夕食のとき、チオンさんは、きょうのことを、お父さんとお母さんに話しました。お父さんが、

「そうだったのか。いやな思いをしたね」

と言い、おかあさんも、

「こわかったでしょう。小学生にそんなことを言うなんて、ひどいね」

と言ってなぐさめてくれました。弟が、

「ねえ、お父さん。どうして、ぼくとおねえさんだけ、朝鮮《ちょうせん》学校にゆくの？　近所の子はみんな公立の小学校に行ってるよ。」

「お父さんも朝鮮《ちょうせん》学校の卒業生だよ。おじいさんもそうだよ。でも、大《おお》おじいさんは、戦争前に、朝鮮《ちょうせん》から日本に連れて来られて、働いてばかりだったそうだ。そんな話を、わたしは、

おじいさんからよく聞かされた。おじいさんは、酒を飲むと、いつも自分の父から朝鮮《ちょうせん》のいなかの話をよく聞かされたそうだ。『朝鮮《ちょうせん》を忘《わす》れてはいけない。おまえはすばらしい朝鮮《ちょうせん》民族の子だ』ってね。」

「ふーん。ぼくは日本人なのに、朝鮮《ちょうせん》民族の子なんだね。顔はみんな同じ顔してるのにね。」

するとお母さんが、

「そうね。教科書の内容《ないよう》も、公立の学校と同じだしね。ただ言葉だけが朝鮮《ちょうせん》語で授業《じゅぎょう》をしているからね。でも、いいじゃない。明夫《あきお》は、将来《しょうらい》、日本語と朝鮮《ちょうせん》語と英語をしゃべれるようになるんだよ。」

「うん。そうだね。ぼくはラグビーの選手になるんだ。」

「そうね。朝鮮《ちょうせん》学校のお兄さんたちは、ラグビーで花園《はなぞの》に行くもんね。」

お父さんが、最後にチオンと明夫に、

「朝鮮《ちょうせん》民族はすばらしい民族なんだ。日本民族も、アメリカ人も、中国人も、みんなすばらしい民族なんだ。ぜんぶ神さまが造《つく》ってくださったアダムの子孫だからね。近所の人たちは、みんな私たちに親切にしてくださる。お父さんだって、日本生まれで、日本育ち、日本の外に出たこともないよ。仕事もしているし、お友だちもいっぱいいるから。一部のおろかな人が、変なことを言っても、ゆるしてあげなさい。いいね、チオン。」

「はい。わかっているから、だいじょうぶ。」

「たがいに、しのび合い、責《せ》めるべきことがあっても、ゆるし合いなさい。」
(コロサイの信徒への手紙　三・一三)

翌日《よくじつ》、友だちのお父さんが、きのうのことで、学校の先生に、相談に来ました。そのため、先生方が、きんきゅう会議を開き、全校生の集会が、開かれました。校長先生のお話は、きのうチオンさんのおとうさんが、話したことと同じような内容《ないよう》でした。ただ、今後、同じようなことを言われたら、すぐに先生に報告《ほうこく》するようにと言われました。

その日は、新聞記者やテレビの人たちが、学校に来て、取材《しゅざい》していきました。その日の夜のニュースでは、少しだけ取り上げられました。翌日《よくじつ》の新聞にも取り上げられていました。どれも、こころない人たちの、はずかしい言葉が、子どもたちの心を傷《きず》つけているという記事でした。

日本には、いろいろな国から来た人々が暮《く》らしています。はだの色のちがい、眼の色のちがい、人種のちがい、言葉や文化や習慣《しゅうかん》のちがいなどがありますが、みな、仲良く生活できるように、してゆくべきだと思います。

聖書には、ペトロが見たまぼろしのことが書いてあります。それは、大きな布《ぬの》の中にある、いろいろな動物を、料理して食べるようにというまぼろしでした(使徒言行録《しとげんこうろく》第一〇章)。

ペトロにとっては、食べてはいけない、けがれた動物もふくまれていました。そのまぼろしは、人間が、かってに、けがれた人間だと、きめつけないようにという、神からの教えだったのです。このことがきっかけとなって、ペトロは、イエスさまのことを、ユダヤ人だけでなく、知らない外国人にも伝えるようになりました。そして、今では、地球上のすべての人が、イエス・キリストのことを聞けるようになりました。

神は、人が、けがれているとか、きれいとか言って、差別しないように、きびしく教えています。私たちは、差別のない社会を作ってゆきましょう。

考えてみよう

1　私たちが、もし、「あなたは、けがれている」と言われたら、どのような気持になるでしょうか。

2　いろいろな差別をなくすために、私たちは、どのようにしていったらいいでしょうか。

6　「あかねさんの　おじいちゃんでしょ」

（おもいやり）

「神は愛です。愛にとどまる人は、神の内にとどまり、神もその人の内にとどまってくださいます。」（ヨハネの手紙一、四・一六）

洋一《よういち》君の家は、公園から歩いて一〇分くらいのところにあります。その公園の横に野球のできる広場があります。公園と野球のできる広場とは、金網《かなあみ》のフェンスでしきられていますが、フェンスのないところもあり、ほとんどくっついているといってもいいくらいです。ですから、お友だちはみな「公園の広場」と呼んでいます。六年生の洋一君にとっては、絶好《ぜっこう》の遊び場です。

ただ、ほかのグループが、野球をやっているときは、またなくてはなりません。その日は、運よく、確保《かくほ》できました。というか、和盛《かずもり》君と久《ひさし》君が、早めに行って、場所どりをしてくれました。友だちがたくさん集まり、すぐに二つに分かれて試合が始まりました。

「カーン。」

ひかり君の打ったボールが大きくて、ライトの上を、こえてゆきました。

「はやく投げよ。」

「こっちに投げろ。」

三るい打です。その後、ピッチャーが、

「ちょっとタイム。」

「どうしたの。」

「あのおじいさんが、通り過ぎるまで、ちょっと休けい。」

「わかった。そうしよう。」

もりあがってきたところで、ちょっと休けいして、おじいさんが通り過ぎるのを待ちました。そして、また始めました。


しばらくして、またさっきのおじいさんが、すぐ横を、前につんのめりそうな姿勢《しせい》で、ちょこちょこと歩いていきます。

「休けーい。」

「オーケー。」

おじいさんが通り過ぎるのを待ちました。

一時間ほど遊んで、

「もうやめようか。」

「そうだね。」

「また、あのおじいさんが、歩いているよ。」

今度は、別の方向から歩いて来ます。ちょこちょこと、けっこう早や歩きです。でも様子《ようす》がへんです。ただ必死で歩いています。前の方の一点を見つめるようにして歩いています。


「ねえ、へんじゃない？」

「この間、担任《たんにん》の先生が話していたボケじゃない。あんなに必死《ひっし》で歩いているよ。」

「ボケって言ったらいけないんだって。なんとかしょうって、いうんだって。」

「気にしないで、ほっときなよ。そのうち、つかれて帰るよ。」

「あっ、はだしで歩いているよ。」

「ほんとだ。」

「警察《けいさつ》にれんらくしようか。近くにおとなもいないし。」


「ちょっと待って。あの人、松木《まつき》のおじいさんだと思う。」

洋一《よういち》君が、おどろいたような声で言いました。

「洋一《よういち》君の知ってる人？」

「うん。ぼくの家の三げん向うに、あかねさんというお姉さんがいるんだけど、去年、小学校を卒業した人なんだけど、あかねさんの家のおじいちゃんだと思う。」

洋一君《よういち》は、お母さんから、そのおじいちゃんの話を聞いていました。認知《にんち》しょうのしょう状《じょう》が、かなり悪くなり、ちょっと目をはなしたすきに、ひとりで外に出て、迷子《まいご》になり、家族みんなで探《さが》したり、警察《けいさつ》にお願いしたりすることが多くなってきたということです。

洋一君《よういち》は勇気を出して、おじいちゃんのところに走って行きました。とつぜん、子どもが目の前に現れたので、おじいちゃんは、「ううっ」と言って止まりました。あせびっしょりです。

「松木のおじいちゃんでしょう。」

おじいちゃんは、ちょっと、おこったような顔になりました。

「知らん。」

ぶっきらぼうに、おじいちゃんは、そう答えました。

「松木のおじいちゃんだよね。そら、ぼくは田中洋一《たなかよういち》です。そら、松木さんの家のすぐ近くの田中《たなか》です。」

「わしゃ知らん。」

洋一君《よういち》は、お母さんから、認知《にんち》しょうの人には、やさしく、ゆっくり、何度もていねいに、お話ししてあげるようにと聞いていました。

「ぼくね、あかねさんの　お友だちです。前に、一度、おじいちゃんと、いっしょに、梅の花を見に行ったことがあるでしょ。」

「……」

「ぼくね、おじいちゃんを知ってるの。ぼくのお母さんも、おじいちゃんを知ってるよ。ぼくの家の人は、みんな、あかねさんの家の人のことを知っているの。おじいちゃんは、お散歩しているの？」

「……」

そこにお友だちも寄《よ》って来ました。洋一《よういち》君が、いつもと違う顔をして、いつもとちがう話し方をしているので、みんなは、ちょっとおどろきました。

「おじいちゃん、いっしょに、おうちに帰りましょう。」

洋一《よういち》君が、ゆっくり話しかけるものですから、おじいちゃんは、こわい顔から、少しふつうの顔になりました。そのとき、久《ひさし》君が、自分のすいとうからいれた水の入ったコップを差し出しました。

「おじいちゃん、どうぞ。」

おじいちゃんは、何も言わないで、そのコップの水を、ごくごくと飲みました。

「……」

「おじいちゃん、いっしょに、おうちに帰りましょう。」

洋一君は、自分の方から、おじいちゃんの手をとり、ゆっくり歩き始めました。

「うん。」

そう言って、おじいちゃんは、洋一君と歩き始めました。おじいちゃんは、ずっとだまったままでした。

家の近くに来たとき、あかねさんのお母さんが、洋一《よういち》君たちとおじいちゃんを見つけて、目にいっぱいなみだをためて、むかえてくれました。

おじいちゃんは、げんかんで、あかねさんのお母さんに、足を洗《あら》ってもらいました。

「まあ、まあ、痛《いた》かったでしょう。げたは、どこかにおいてきてしまったのね。痛《いた》かったでしょう。お部屋《へや》で少し休みましょうね……。」

あかねさんのお母さんは、ずっとおじいちゃんに何かを話しかけていました。

最後までついてきた洋一《よういち》君の友だちは、ぶじにおじいちゃんが家に帰りついて、ほっとした顔をしていました。そして、みなが洋一《よういち》君を見なおしました。

考えてみよう

1　洋一《よういち》君の対応《たいおう》の仕方で、よかった点は、どのようなところでしょうか。

2　おじいちゃんは、どのような気持で歩いていたでしょうか。

7 パンを焼きましょう

（家庭）

「わたしは命のパンである。」（ヨハネによる福音書《ふくいんしょ》 六・四八）

「真奈《まな》ちゃん。明日《あす》の準備《じゅんび》するわよ。」

「はーい。今行く。」

「ねえ、お母さん、なぜ今日《きょう》から準備《じゅんび》するの？」

「やってみれば、わかるからね。まず、小麦粉を出してちょうだい。」

今日《きょう》は金曜日、真奈《まな》さんは、お母さんにパン作りを教えてもらうことになっていました。焼くのは明日《あす》です。

「お母さん、次はなあに？」

「砂糖《さとう》と塩を加えてね。」

「はい。」

「次に、こうぼを加えるからね。あなたがやるのよ。お母さんが、あなたにパン作りを教えてあげるのだからね。」

「こうぼって、なーに。」

「こうぼは、カビの一種なのよ。」

「えっ、カビをいれるの？　パンがくさってしまうわ。」

「そうなのよ。こうぼは、イースト菌《きん》とも言うの。小麦粉をはっこうさせて、ふっくら大きくするのよ。」

「ふーん。イースト菌《きん》というのは、学校で聞いたことがあるわ。」

そう言って、真奈《まな》さんは、小麦粉に水、砂糖《さとう》、塩、イースト菌《きん》をまぜて、水を入れました。

「真奈ちゃん、よくこねてね。一〇分以上よ。手で、グッとおさえるようにこねるのよ。」

「はあーい。」

真奈《まな》さんは、よくこねました。

「お母さん。これくらいのやわらかさでいい？」

「そうね。耳たぶくらいのやわらかさっていうけど、耳たぶのやわらかさが、よくわからないものね。できたものを、パンの生地《きじ》っていうのよ。おぼえておいてね。」

真奈《まな》さんは、パンの生地《きじ》を四角い

大きめのステンレス製《せい》の容器《ようき》に入れました。

「はい、よくできたわ。この布《ぬの》を水でしめらせて、容器《ようき》の上にかぶせてちょうだい。これで今日《きょう》のじゅんびは終わり。」

「どうしてぬれた布《ふ》きんをかけるのかしら？」

「それも、明日《あす》になれば、わかりますよ。」


次の日、土曜日の朝、ごはんがすんでから、きのうじゅんびしておいた、ステンレス製《せい》の容器《ようき》の布《ぬの》を取りました。きのうのパンの生地《きじ》より、全体が倍以上にふくらんで、大きくなっています。

「この表面のぶつぶつはなんなの？」

真奈《まな》さんは、こねた小麦粉の表面が、ぶつぶつとあながあいているのを、見つけました。

「それはね、イースト菌《きん》が、小麦粉《こむぎこ》をはっこうさせて、ガスが出て、ふくらませたのよ。しめらせた布《ぬの》をかぶせたのは、菌《きん》のぞうしょくを早くさせるためだったのよ。」

「ふーん。ふしぎだね。イースト菌《きん》って、だれが見つけたの？　その人ノーベル賞もらった？」

「いいえ。昔、昔、今から五千年くらい前に、エジプトで、ある人が小麦粉をこねて、焼《や》くのを忘れて、翌朝《よくあさ》になって、見たら、こうしてぶつぶつのあながあいて、くさっていたの。捨てるのがもったいないので、やいてみたら、おいしかったんだって。それが始まりよ。」

「へー。一《ひと》ばんほうっておくだけで、どうしてそうなったのかしら？」

「それはね、空気中に、菌《きん》がいっぱいいて、その中のイースト菌《きん》が、たまたま小麦粉にくっついて、発酵《はっこう》したんだって。」

「へえ、ばい菌《きん》も役に立つのね。」

「そうよ。ばい菌《きん》っていったらかわいそうよ。菌《きん》はすごく役に立つものなの。真奈《まな》ちゃんの大好きな納豆《なっとう》もそうでしょ。お酒も、おみそもそうよ。ヨーグルトもチーズもそうよ。小さくって目に見えないけど、菌《きん》は神さまが作った最高けっさくじゃないかしら。」

「イースト菌《きん》は、どうやって作るの？」

「昔はイースト菌《きん》をつかまえたんだって。」

「へー。どうやってつかまえたのかしら？　目に見えないんでしょ？」

「たとえばね、ほしぶどうを一週間くらい水にひたすの。その水で小麦粉をこねるのよ。」

「へー。」

「ほしぶどうについていたイースト菌《きん》が、水でふえるんだって。」

「ふーん。お母さんは、どうやってイースト菌《きん》をつかまえたの？」

「今は、ドライ・イーストっていうのを買って来て、いれるだけ。」

「なーんだ。」

「このイースト菌《きん》は、焼くと死んじゃうのよ。そして炭酸《たんさん》ガスとアルコールを出すわけ。パン屋さんの　いいにおいは、そのガスとアルコールなどのにおいなのよ。」

「ねえ、お母さん。イースト菌《きん》をつかまえることが、できなかった昔は、パンがかたかったのかしら？」

「そうよ。昔のパンはかたかったそうね。今でも、かたいパンがあるからね。イースト菌《きん》の入れ具合《ぐあい》、砂糖《さとう》、水、こね方などで、パンの味も変わるのね。それでパン屋さんが、いっぱいあるっていうわけなのよ。みな、自分のところのパンが一番おいしいって、じまんしてるのよ。」

「ふーん。どれも同じなのにね。」

「ちがうわ。パンがふんわりできるためには、小麦粉の中のグルテンというのが、ねばりけをだしているから、小麦の粉《こな》によっても　ちがいがでてくるのよ。パン作りだって、おくが、ふかいらしいわよ。」

「ふーん。じゃあ、今日は『真奈屋《まなや》』のパンができるのね。すごい。」

そう言いながら、真奈《まな》さんは、容器《ようき》の中のパンの生地《きじ》を小さくちぎって、いろいろな形にして、オーブンにいれました。

「お母さん、わたしはぶどうパンを作りたいの。どうしたらいいのかしら。」

「かんたんよ。残っている小麦粉の生地《きじ》に、乾《ほ》しぶどうを入れて焼けばいいだけ。」

真奈さんは、小さくちぎったものと、ほしぶどうの入ったものと、オーブンに入れて二〇〇度に設定《せってい》して、一二分待ちました。

「わあー！　すごい。お母さん、私のパンがこんなに大きくなってるわ。さっきのかたまりより、二倍くらいになっているよ。たべてもいい？」

「少しだけなら、食べてもいいけど、もうじきお昼ごはんだから、一口《ひとくち》だけよ。」
「おいしい！　世界一おいしいわ！」

翌週《よくしゅう》になって、真奈さんは、学校の図書館で、パンについての本を読んで、調べてみました。いくつかのことが、わかりました。

1　麦は今から六千年くらい前から、さいばいされました。麦の原産地は、メソポタミアをふくむ西アジア地方で、イエスさまの生まれた地方も入ります。

2　小麦粉は、中にふくまれている　ねばりけのあるたんぱく質の「グルテン」というものの多い少ないによって、種類が分けられています。パンの粉《こな》は、グルテンが多く、クッキーは少なく、うどんは中くらいだそうです。

3　麦には「小麦」と「大麦」と「ライ麦」の三種類があって、小麦の方に、人気があります。小麦にはグルテンが多く、パンにむいています。大麦はビールにむいていて、ライ麦は寒い地方ででき、黒っぽいパンが作られます。

4　パンという言葉は、ポルトガル語で、日本には今から四六〇年くらい前に、鉄砲といっしょに伝えられました。西アジア地方では、その国によって、パンのことをナン、ピデ、ユフカ、タラーミーなど、たくさんの呼び名があります。ピザもイタリア語でパンのことです。

5　私たちはお米を主食にしていますが、パンを主食にしている人々の方が多いそうです。

6　かたいパンは、水やスープなどにひたして食べます。

考えてみよう

1　あなたはパンを作ったことがありますか。

2　あなたは両親のお手伝いをしたことがありますか。

3　イエスさまは、「私は命のパンである」（ヨハネ　六・四八）と言われました。どういう意味でしょうか。

8　健康でせいけつな体

（健康）

「聖《せい》なる、聖《せい》なる、聖《せい》なる万軍《ばんぐん》の主。主の栄光は、地をすべておおう。」（イザヤ書　六・三）

神は大きいものだけでなく、目に見えない、非常《ひじょう》に小さいものも創造《そうぞう》されました。

非常に小さな生きものを、びせいぶつ（微生物）といいます。びせいぶつの一つに、細菌《さいきん》があります。細菌《さいきん》は土、水、空気などの中にいます。大きさは一ミリの一〇〇〇分の一ほどですから、目に見えません。みそ汁、なっとう、ヨーグルトなどは、よい働きをする細菌《さいきん》のおかげでできます。私たちの体の中には、無数の細菌《さいきん》がいます。私たちは、細菌《さいきん》のおかげで生きているといってもいいほど大切なものです。

悪い細菌《さいきん》もいます。食中毒の原因《げんいん》になる毒素《どくそ》をもった細菌《さいきん》やチフス菌《きん》やハンセン病の原因《げんいん》になる菌《きん》などです。その細菌《さいきん》にとって居心地《いごこち》のよい所なら、一つの細菌《さいきん》から一晩《ひとばん》で八五〇万個以上にぶんれつ、ぞうしょくします。熱が出たり、おなかがいたくなります。「サルモネラ菌《きん》」というのを、聞いたことがあると思います。食中毒を起こす細菌《さいきん》です。

いろいろな細菌《さいきん》（注1）

細菌《さいきん》より、もっと小さなものがいます。それをウイルスといいます。ウイルスは直径が一〇〇ナノメートルほどです。と、言ってもぴんとこないと思います。ともかく、ふつうのけんびきょうでも見えないくらい、小さなものです。ウイルスは、地球上にいっぱいいます。海の底にも、見たことも聞いたこともないウイルスがいます。

ふつうの生きものなら、生まれたり死んだりしますが、そういう生命体ではないのがウイルスです。それは「物」です。ところが、ウイルスが、生きもののさいぼうの中に入ると、自分と同じウイルスのコピーを作る性質を持っています。つまり、生きものではないのに、生きもののように、ふえる性質《せいしつ》をもっています。

ウイルスは、寄生《きせい》するさいぼうを破《やぶ》って、となりのさいぼうに飛び散り、またたくまに良いさいぼうの中でコピーを作り続け、はかいし、拡大《かくだい》してゆきます。これによってウイルス性《せい》の病気が発生します。よく知られているのが、「インフルエンザ」です。

インフルエンザは、ときに世界中で大流行します。一九一八年―一九二〇年には、このため二千万人以上の人がなくなりました。一九一四年に起った第一次世界大戦の死者より、インフルエンザで亡《な》くなった人のほうが多かったのです。このため、インフルエンザは、今でも非常《ひじょう》に危険《きけん》なウイルスです。

せきやくしゃみをすると、たくさんの小さなしぶきが空気中に飛び散ります。その中にウイルスが混《ま》じっています。鼻や口のねんまくにくっついて、私たちの体内に入りこみます。つまり、かぜがうつります。ですから、家に帰って来たときに、体や服にくっついている「物」であるウイルスを、はらい落とす必要があります。手を洗うのはそのためです。

しかし、どれだけ手を洗っても、服を着がえても、この世界には、神が造ってくださった無数の細菌《さいきん》やウイルスがいます。ひふにも細菌《さいきん》やウイルスが、いっぱいついています。ですから、わたしたちは、できるかぎりの努力をして、細菌やウイルスを取り除く以外にありません。手洗いは有効です。おふろに入って、体を洗うことも大切です。人間がせいけつにすることは、神の心に合うことです。

「あなたたちは聖《せい》なる者となりなさい。あなたたちの神、主であるわたしは聖《せい》なる者である。」(レビ記　一九・二)

聖書は、私たちが、健康的で、清潔《せいけつ》な生活をするように教えています。それはどこからくるかといいますと、この世界を造られた神が、聖《せい》なるお方であるところから出ています。

しかし、原罪をもっている人間は、どれだけせいけつにしても、悪い細菌《さいきん》やウイルスから、のがれることはできません。悪い細菌《さいきん》やウイルスが、体内に、しんにゅうして来て、病気になっても、人間の体には、げきたいするよい細菌《さいきん》がいっぱいいますから、安静にしているだけで、悪い細菌《さいきん》をげきたいできる場合があります。それは、神の力が働いているしょうこです。薬を服用して、強制的《きょうせい》に退《しりぞ》けることもできます。

これはまだはっきり分かっていませんが、最近になって、科学者たちは、ぜんそくや花粉しょうなどのかんじゃが、急にふえたのは、ほこりや細菌《さいきん》とのせっしょくが、少なくなったことが原因《げんいん》かもしれないと言っています。アレルギーのかんじゃが、多くなったのも、どろやほこりにふれる機会が、少なくなったことが原因《げんいん》ではないかと言われています。その人が、どろやほこりの中に含まれている細菌《さいきん》に、なれていない体になったからではないかというわけです。

さて、ウイルスは、それ自体は生き物ではなく、さいぼうの中に入りこんだ「物」ですから、ウイルスだけをげきたいすることは本当に難《むずか》しいのです。しかし、すこしずつ薬が開発されてきました。インフルエンザ、ヘルペス、そしてHIV《エッチアイヴィ》といわれる病気を治す薬です。ところが、この薬を開発するためには、何百億円ものお金がかかり、時間も最低一〇年はかかります。

そのようにして開発した薬を、だれかが、こっそりぬすんで作ってしまえば、開発した国や会社は、損害《そんがい》をこうむります。裁判《さいばん》になっても、国や会社が負けてしまうことがあります。それほど多くの人々が、毎日その病気のために、死んでいるという現実《げんじつ》があるからです。

鳥インフルエンザで、何十万羽《ば》のにわとりが、しょぶんされているニュースを知っていますか。これは新しいウイルスが原因《げんいん》です。すべてをしょぶんしないことには、ものすごい勢《いきお》いでふえて、鳥がぜんめつするおそれがあります。しかも、人間に感染《かんせん》するウイルスに変異《へんい》する可能性《かのうせい》があるからです。

なぜ、つい最近になって、このような新しい病気を引き起こすウイルスが現《あらわ》れたのでしょうか。それは人間が森林のおくを開発し、動物が人間の近くに来るようになり、新しい細菌《さいきん》やウイルスが出てきたからだと考えられます。それだけではなく、人間の移動《いどう》が多くなり、病原菌《びょうげんきん》も広がりやすくなってきました。また、温暖化現象《おんだんかげんしょう》で、今まで現れてこなかった細菌《さいきん》やウイルスが出てきたことも原因《げんいん》と考えられています。

若い人々の間では、性《せい》の乱れたまじわりにより、今までなかったヒト免疫不全《めんえきふぜん》ウイルス（ＨＩＶ《エッチアイヴィ》）が広がっています。病名はエイズと言われています。アフリカで多く感染者《かんせんしゃ》が出ており、エイズがアフリカ大陸の死因《しいん》の第一位で、二〇〇〇年の一年間で二四〇万人が死亡《しぼう》しました。日本にも、一九八五年に、初めて、かんじゃが確認され増加しています。もし、そのウイルスをげきたいするワクチンが開発されても、エイズの場合は、しょうじょうが出るまでに二〇年間も、ウイルスが、せんぷくしていることがあります。根絶《こんぜつ》するためには、気の遠くなるような長い年月が必要になります。

新しい病気が、世界的に広がるようになってきたため、一九四八年に、国際連合《こくさい》はＷＨＯ《ダブリュエッチオウ》（世界保健機関）を作り、世界の保健衛生《えいせい》の活動を行っています。

この世界は、神の偉大な知恵によって造られています。神が世界を創造《そうぞう》されたときに、次のように言われました。

「見よ、それはきわめて良かった。」（創世記　一・三一）

私たちは、神が創造《そうぞう》してくださった、この良い世界を、神の心に合うものとして治めてゆかなければなりません。

（注１）道家達将編『人体の医学の発明発見物語』、国土社、一九九八年、九八頁。

考えてみよう

1　空気による感染《かんせん》、せっしょくによる感染《かんせん》、食べ物などによる感染《かんせん》によって、非常《ひじょう》に強い伝染病《でんせんびょう》が発生したとします。どのような対策《たいさく》を取ればよいでしょうか。

2　自分の体や心を健康に保《たも》つために心がける方法を考えてみましょう。

9　正しい日本語を　（言葉）

「はじめに、ことばがあった。ことばは、神と共にあった。ことばは、神であった。」（ヨハネによる福音書《ふくいんしょ》　一・一）

あかちゃんは、泣いて、おっぱいがほしいと言います。

少し大きくなると、「ママママ…」と言って、食べものを求めます。

生きていく本能《ほんのう》から、そのようにします。

泣くことも、「ママママ」と言うのも、しぜんに口がそのように発します。口で音《おん》を発するのが人間です。人と人、人と神は、声と言葉でおたがいに気持ちを伝えます。


人は字を知らなくても生きていけます。大昔の人々は、字を知りませんでした。親やおとなが、口から発する音《おん》を聞き、まねておぼえました。

日本語の音《おん》は、「あいうえお」など四八音《おん》あります。「が」や「ぱ」などを加えると、もっと多くなります。日本で生まれた人たちは、この四八の音《おん》などを耳で聞いておぼえてきました。

日本人は、文字《もじ》をもっていませんでした。そこに中国から漢字という文字《もじ》が、入ってきました。奈良時代（奈良に都があった時代、七一〇年―七八四年）より前のことです。

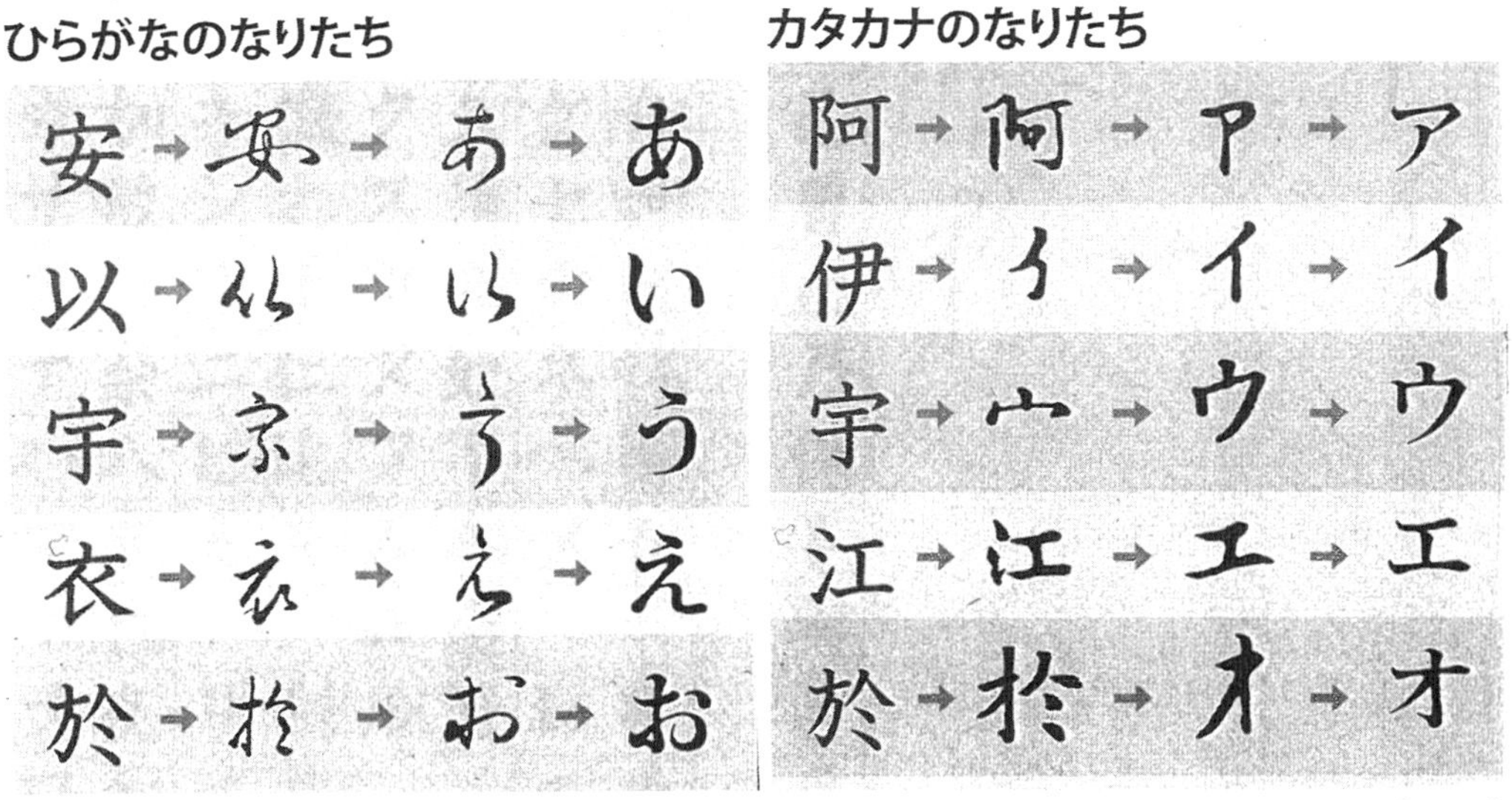

（注１）

「日本の四八音《おん》を文字《もじ》にしましょう。」

上流階級の人々が、そう考えて、日本語の四八の音《おん》を、漢字をまねて作りました。たとえば、「あ」は「安《あん》」という字をかりました。でも、「安《あん》」と言う字は書きにくいので、くずして「あ」という字になっていきました。このようにして日本語は、書くことのできる言葉になりました。また、漢字を通して、新しい言葉を加えることができました。それまであった「ゆく」という言葉は「行く」と書いてもよいようにしました。日本語は、「ひらがな」と漢字の両方を使って書くようになりました。そのおかげで豊かな表現《ひょうげん》を産み出す便利な言葉となりました。神の言葉である聖書も、日本語にほんやくされて、今私たちの手元にあります。

それだけではありません。「かたかな」も平安時代（京都に都が移《うつ》り、そのご鎌倉に移《うつ》されるまで、七九四年ころ—一一九二年ころ）の初期に作られました。「ひらがな」は、書くときに便利ですが、「かたかな」は、見分けて読むときに便利です。「ひらがな」は漢字の草書体から、「カタカナ」は漢字の一部から考案されました。たとえば、「あ」は「ア」にしました。かたかなは、のちに外国の人名や地名を書くときに用いられるようになりました。

日本語は、ひらがな、かたかな、漢字の三つをもって、豊かに表現《ひょうげん》できる言葉になりました。さらに、近世になって、ヨーロッパの言葉、たとえばポルトガル語、オランダ語、ドイツ語、フランス語、英語などが、部分的に入ってくるようになり、かたかなやアルファベット（ローマ字）を使って書くようになってきました。そのため、日本語は、ますます豊かになりました。私たちは、豊かな表現のできる日本語を、ほこりをもって使いましょう。

日本語は、長い年月をかけて、日本という島国の中で発達し、すばらしい文学を産み出してきました。また、日本語は、日本の芸術や文化のもとになるはたらきをしてきました。とくに、四季の変化に富《と》む景色や、人間のこまやかな心や感情《かんじょう》を表現《ひょうげん》するために、日本語は、すぐれた言葉です。

たとえば、英語では、「あなた」を言い表すために、you を用いますが、日本語では「あなた」のほかに「きみ」、「なんじ」、「あなたさま」、「おまえ」、「きさま」など、その時や場所によって言いかえる言葉をもっています。

日本語は豊かな表現《ひょうげん》ができる言葉ですから、これを正しく用いる練習をすると、相手に自分の気持をうまく伝えることができるようになります。家庭や学校で、いろいろな経験《けいけん》を通して、正しい日本語を学んでいきましょう。また、社会の中で、いろいろな人たちと、正しい言葉を使って会話するように努力しましょう。正しい言葉を使うことは、私たちの生活を向上させ、気持よく人と交際《こうさい》できます。

近年になり、パーソナル・コンピューターが発達して、地球上を情報《じょうほう》が行き交《か》うようになり、同一の文字《もじ》・言語が必要となりました。そのために英語が用いられるようになり、世界中の子どもたちが、幼《おさな》いときから、英語を学ぶようになりました。あなたもきっと日本語だけではなく、英語も学んでいると思います。コンピューターの発達は、人類に大きな変化をもたらし、世界中の人々と、自由に意見のこうかんが、できるようになりました。

聖書は、神が「光あれ」と声を発せられると、光ができた。また、その他のものも、すべて、神の声と言葉でできた、と教えています。さらに、イエス・キリストがこの世に来たことを、「ことば」が来た、と言っています（ヨハネ　一・一一）。それは、神が言葉を話す人間になってきたことを言い表しています。聖書は、人間のことばを、とても大切にしています。

言葉は重要な働きをしますが、悪い働きもします。たとえば、言葉は、人の心を傷つけます。あなたは友だちの小さな言葉で、心に傷を受けたことがありませんか。自分が同じことをするかもしれませんから、気をつけましょう。

「どんなに小さな火でも、大きい森を燃《も》やしてしまう。舌は火です。」

（ヤコブ　三・五―六）

人間にとって、言葉は非常《ひじょう》に大切なものです。

（注1）町田和彦監修『日本の文字』ポプラ社、二〇一一年、三一頁―三三頁。

考えてみよう

1　わからない言葉やむずかしい言葉を聞いたときに、どうすればよいでしょうか。

2　あなたは言葉のうえで、親に注意されたことがありますか。それはどういう言葉でしたか。また、それはなぜでしたか。

3　自分たちだけのグループでわかる、暗号のような言葉を使ったことがありますか。それを聞いた知らない人たちは、どう思うでしょうか。

10　宇宙《うちゅう》の旅七年　「はやぶさ」　（協力）

「なみだと共に種をまく人は、喜びのうたと共にかり入れる。」（詩編《しへん》　一二六・五）

「五、四、三、二、一、〇」

発射《はっしゃ》！

ロケットが、ごう音とともに、発射《はっしゃ》台から飛び立ちました。

二〇〇三年五月九日、鹿児島県内之浦《うちのうら》から、小わくせい探査機《たんさき》「はやぶさ」が打ち上げられました。

「はやぶさ」は、ロケットから切りはなされて、一年間も、地球の周《まわ》りを回りました。地球の重力を利用して飛び続け、ちょうど遠心力を利用するように、ねらい通りのコースに入ったときに、エンジンをふかし、地球をはなれました。時速一二万二四〇〇キロのものすごいスピードです。「はやぶさ」は一・五メートルくらいの箱型のもので、太陽電気パネルが開くと五・七メートルになり、全体の重さは五一〇キログラムです。

目的地は、小わくせい「イトカワ」です。三億キロも遠くにあります。ひたすら飛び続けて一年半もかかります。その小わくせいは、直径三〇〇メートルくらいの小さなわくせいです。そこにたった一秒間だけタッチして、土をもちかえるのが「はやぶさ」のミッションです。それはちょうど鳥のはやぶさがエサをめがけて急降下《こうか》、急じょうしょうするように。成功すれば、もちろん人類の歴史上、初めてのことです。月の土はすでにありますが、遠い小わくせいの土は、まだありません。人類の科学の発達に、大きなこうけんをするはずです。

「はやぶさ」が、ものすごい勢《いきお》いで飛び続ける力は、地球の重力を利用した一年間の飛行とイオン・エンジンをつかったふん射《しゃ》の力です。この方法は、世界で初めてです。キセノンというガスをつかってイオンというものを発生させ、それを利用して力をかけます。わかりやすく言えば、電気の性質《せいしつ》を使ったふん射装置《しゃそうち》です。

しかし、イオン・エンジンを動かすためには、電気が必要です。通信のためにも電気が必要です。その電気は太陽電池《でんち》パネルが作ってくれました。太陽電池とイオン・エンジンが、二つの大きな力です。化学燃料《ねんりょう》も少し持って行きました。

管制室《かんせい》から、電波で「ふん射《しゃ》」の指令を出しても、三億キロもはなれていると、一六分もかかります。もちろん、すべてコンピューターで計算して命令します。管制室《かんせい》には二四時間、研究員がいます。しかも、往復《おうふく》、四年もの間、きんちょうして、コンピューターをかんししなければなりません。

地上の管制室《かんせい》だけが「はやぶさ」を動かしているのではありません。「はやぶさ」自身の中には、ふん射《しゃ》機のほかにカメラ、高度計、科学研究機材、アンテナ、そして土をとってくるカプセル…などがつまっており、しかもそれらが自分で計算して的確《てきかく》に働くように設計《せっけい》されています。コンピューターが発明されたからこそ、「はやぶさ」は行けるようになったのです。

しかし、初めてのことが多く、思いがけないトラブルに、いくどとなくおそわれました。たとえば、小わくせい「イトカワ」に着地するしゅんかんに、カプセルのコンピューターが、何かを感知したようです。びんかんすぎたのかも知れません。おかげで、一秒間だけタッチしてくるはずだったのに、三〇分間も「イトカワ」にたおれこんでしまいました。

管制室《かんせい》は神奈川県相模原市《さがみはら》にある、国のしせつＪＡＸＡ《ジャクサ》（宇宙航空研究開発機構《うちゅうこうくうきこう》）の一部門である「宇宙《うちゅう》科学研究所」の中にあります。この研究所には二〇〇名以上の研究者や職員《しょくいん》が働いています。管制室《かんせい》は、小学校の教室より小さいくらいの部屋《へや》です。この小さな部屋《へや》が「はやぶさ」を動かしている指令室です。

研究所の研究員だけが、この計画に参加しているのではありません。大学、いろいろな研究機関、会社の人々が参加しています。日本の知恵と技術《ぎじゅつ》が、すべて集まっているといってもいいでしょう。何千人、あるいは何万人もの人々が参加しているといえます。このチームを率《ひき》いるのが、リーダーの川口淳一郎先生でした。

「はやぶさ」製作《せいさく》のため、もっとも軽いもの、もっとも小さいもの、もっともがんじょうなもの、もっとも性能《せいのう》がよいものを選ぶために、毎日のように会議が開かれ、準備《じゅんび》、実験がくりかえされました。ですから、飛行中に、コンピューターの画面を見ている人は少なくても、その背後《はいご》で参加している人々は大勢《おおぜい》いました。野球やサッカーも、チーム・プレーですから、協力が必要です。「はやぶさ」に、ほんのわずかな土をとってこさせるという目的のために、じつに多くの人々の協力が必要でした。

多くの人々が協力するためには、どのような心構えが必要でしょうか。使徒パウロは、次のように教えています。

「尊敬《そんけい》をもって、たがいに、相手を優《すぐ》れた者と思いなさい。」（ローマの信徒への手紙一二・一〇）

「はやぶさ」は、打ち上げから二年四か月ほどして「イトカワ」に接近《せっきん》しました。直径三〇〇メートルくらいの大きさだと思われていましたが、本当は五四〇メートルだとわかりました。時速を七キロに落とし、さらに降下《こうか》しました。さらに秒速四センチに落とし「イトカワ」に接近《せっきん》させました。地表から二〇〇メートルの所で、手のひらに乗るほどの、ちょう小型探査《たんさ》ロボットを投下しました。重力が地球の一〇万分の一しかありません。地表でピョンピョンはねながら写真をとる予定でしたが、「イトカワ」の地表に落ちないで、宇宙《うちゅう》のかなたへ消えて行きました。しかし、とちゅうの四枚だけ写真を送ってきました。そのうちの一枚が、「はやぶさ」の太陽電池パネルの一部を写していました。この写真は深宇宙《しんうちゅう》（月より遠い宇宙《うちゅう》）で外部から探査《たんさ》機そのものを写した世界最初のものになりました。

二〇〇五年一一月二〇日。発射から二年半。

一秒間だけ着地、その一秒間で、だんがんを発射、まい上がった土（ほこり）を採取《さいしゅ》、り陸する…予定でした。すべてが、あらかじめ組んであった「はやぶさ」内のコンピューター作業でした。後でわかったことですが、コンピューターが、何かの障害物《しょうがいぶつ》を感知したらしく、自分で着陸中止を判断《はんだん》、しかし、そのときの姿勢《しせい》では逆《ぎゃく》ふん射・り陸ができないと自分で判断《はんだん》、つまり何もできず、ふんわりと地表に落ちました。そして、三〇分間じっとしていました。三〇分経《た》った後に「着陸中止・化学燃料《ねんりょう》によるエンジン逆《ぎゃく》ふん射」の指令が地球よりとどき、それに反応《はんのう》してスルスルと百キロも上《じょう》しょうしてしまいました。

　しかし、燃料《ねんりょう》がまだ少し残っているので、なんともう一度決行することにしました。一一月二五日接近《せっきん》、秒速四センチ、しずしずと近づき、だんがん発射、ほこりの採取《さいしゅ》。ついに成功しました…。ところが、だんがん発射ができたという合図がきません。さて、「土（ほこり）を持ち帰る」という目的は達成できたのでしょうか。

　帰路についた「はやぶさ」に、今度は、自分の機械が故障《こしょう》しました。化学燃料《ねんりょう》がもれはじめました。もれた原因《げんいん》は不明です。もれる勢《いきお》いで姿勢《しせい》をコントロールできず、「はやぶさ」は、かってにどこかに飛んで行きました。 万事休《ばんじきゅう》す。

地球から電波を送っても、「はやぶさ」にとどくためには、地球と「イトカワ」が、太陽を回る周期がちがうため、今の時期を除《のぞ》くと、三年に一度しかチャンスがありません。だれもが「はやぶさ」は、もはや死んだか行方《ゆくえ》不明になったと思いました。

リーダーの川口先生は、あきらめませんでした。「六〇～七〇％の確率《かくりつ》でみつかる」と言って、皆をはげましました。それは「はやぶさ」のとくちょうを計算しての先生の結論《けつろん》でした。研究所のメンバーは、「はやぶさ」から送られてくるかもしれない電波を、モニター画面をながめながら、交代でかん視《し》しました。一週間、一か月経《た》ちました。

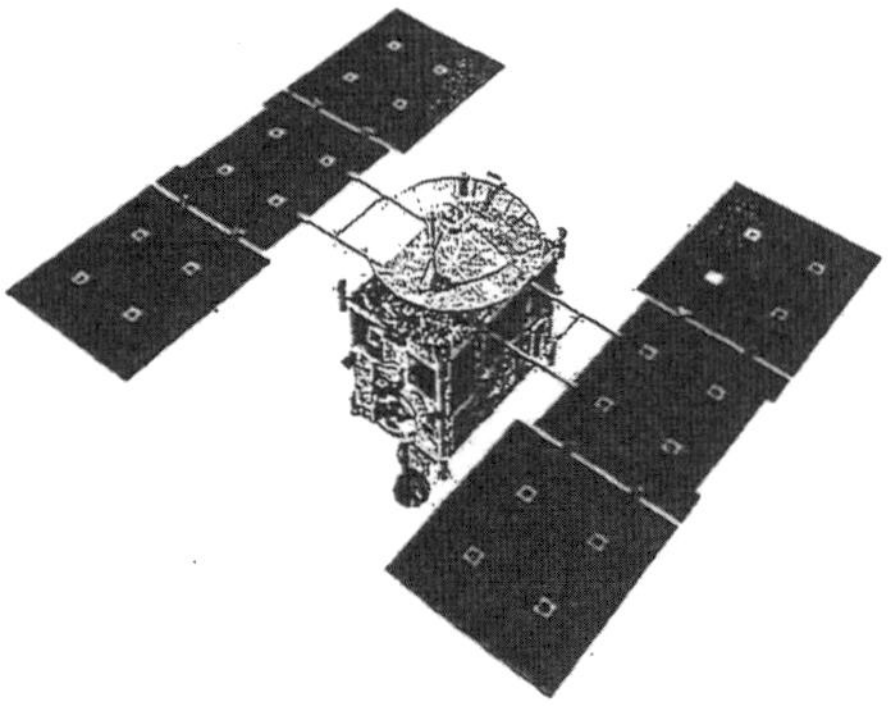

四六日目、画面につき出た波が見えました。

「はやぶさ」の信号です。

「『はやぶさ』だ！ ほんものだ！」

「はやぶさ」の姿勢《しせい》が悪く、アンテナが地球に向いていなかったようです。山でそうなんした人のように、四六日もの間、「はやぶさ」は傷《きず》だらけの状態《じょうたい》で宇宙《うちゅう》をただよっていました。それぞれの専門《せんもん》の人たちが、必死で「はやぶさ」を立て直しました。まさに共同作業です。成功しました。あのキセノン・ガスからイオンを発生させるのではなく、キセノン・ガスそのものをふん射《しゃ》させ、二カ月もかかって姿勢《しせい》を安定させました。

そして一路地球へ！

二〇〇八年、二〇〇九年、「はやぶさ」は、ものすごいスピードで飛行を続けました。しかし、二〇〇九年一一月に、最後のイオン・エンジンが、故障《こしょう》して、完全にストップしました。イオン・エンジンの担当者《たんとうしゃ》が、四つあったイオン・エンジンをバラバラにして、よいものだけを組み合わせました。もちろん通信で指令をおくり、「はやぶさ」の中のコンピューターが自分で計算して修理《しゅうり》するのです。なんと、成功しました！

最後に、「はやぶさ」は大気けんに、とつにゅうしました。そのとき、あの「イトカワ」の土が入っているかもしれないカプセルだけを切りはなしました。カプセルはたいねつ構造《こうぞう》になっているので燃《も》えません。しかし、「はやぶさ」は一万度以上の高熱で燃《も》え、流れ星のように、オーストラリアのウーメラさばくの西の空で燃《も》えつきました。

二〇一〇年六月一三日、七年と一か月の宇宙《うちゅう》の旅を終え、カプセルだけが、高度五キロでパラシュートを開き、ウーメラさばくに帰ってきました。管制《かんせい》室の人々、研究所内の大型スクリーンを見に集まった一〇〇〇人のいっぱんの人々の喜びは、どれほどだったでしょうか。国民だけでなく、全世界の人々が喜びました。

カプセルには、見た目では何も入っていませんでした。しかし、くわしく研究した結果、びりゅうしの存在《そんざい》が確認《かくにん》されました。それは研究者たちにとって、待ちに待った貴重《きちょう》な資料《しりょう》になったのです。

二〇一四年一二月三日、「はやぶさ2」が発射《はっしゃ》されました。二〇二〇年に、きかんする予定です。こうして宇宙《うちゅう》の研究は続いています。(二〇一七年九月一日、記)

ただしがき

この文章は、佐藤真澄著、渡辺勝巳監修《かんしゅう》『小惑星探査機《しょうわくせいたんさき》「はやぶさ」宇宙《うちゅう》の旅』、汐文社《ちょうぶんしゃ》、二〇一〇年、を参考に作られました。

考えてみよう

1　みんなで協力して何かをする活動には、どのようなものがありますか。

2　協力して活動するために、どのようなことに気を付ければいいでしょうか。

11　私はバドミントンの選手になりたかった

（スポーツ）

「いやしめられたのは、わたしのために、良いことでした。わたしは、あなたのおきてを学ぶようになりました。」（詩編《しへん》　一一九・七一）

「地区大会まで、あと一か月をきりました。上級生は、とくに、気を引きしめて練習しましょう。」

上田ハレコーチは、いつものように明るい大きな声で、練習を始めました。

私は、ハレ先生がかんとくけんコーチをしている「ハレ・バドミントン・クラブ」の五年生女子のチームに属《ぞく》しています。

ハレ先生は、けっこんする前、ある実業団《じつぎょうだん》バドミントン・クラブの選手でした。けっこん後、地元にもどって、「ハレ・バドミントン・クラブ」を結成して、市のバドミントンの発展につくしています。お腹《なか》に赤ちゃんがいるときも、ほとんど休まないで、練習をみてくださいました。先生が私のお母さんのお友だちということもあって、私は小学校の三年生のときから、バドミントンをしています。

バトミントンは、非常に動きのはげしいスポーツです。シャトル（羽根《はね》）がふんわり落ちるので、やさしいスポーツと思っている人が多いのですが、打ったときのシャトルの時速は、他の球技《きゅうぎ》の玉よりもはやく、それを拾うので、実際はしゅん発力の必要なはげしいスポーツです。私はそれが気に入って、毎週木曜日の練習に通っています。

ハレ先生は、練習前のウォーミングアップに時間をとります。学校でやっているじゅうなん体操のような体操をして、体育館の中をゆっくり走り、腰《こし》、足首、ひじ、手首、ひざを動かします。その後で、フットワークをよくするために、スキップしたり、前へ、後ろへ、右へ、左へと飛びはねる練習、足さばきをよくするためのクロスステップ、バック走《そう》の練習もします。その後で、ラケットを持って、いろいろな打ち方とレシーブ（シャトルを受ける）の練習をします。

私は同じ五年生の久実《くみ》さんとペアを組んでいるので、ほかのペアと対戦したり、時には六年生と対戦して練習します。バトミントンはルールがこまかく、その言葉がほとんど英語読みなので、慣《な》れるのに時間がかかりました。でも、今は下級生に教えてあげるほどになって、自由にプレーができます。

一か月はすぐすぎて、試合の当日になりました。日曜日です。私はいつも日曜日には、教会に行っているのですが、試合は、ほとんど日曜日にかいさいされますから、朝の礼拝には出ることができません。試合のある日には、父も母も妹も、朝早くから準備して、家族そろって、

私の試合を見に来てくれます。

「愛《あい》さん、久実《くみ》さん、レフト」と呼び出され、私たちは、主《しゅ》しんから見て左のコートに入りました。相手チームも入りました。

「ラブオール、プレイ」（0対0で、試合開始）

バトミントンの試合は、二十一点を先に取った方が勝ちます。

久実《くみ》さんとわたしは、二十一対一三で第一ゲームを取りました。もう一ゲームを取れば勝ちです。

第二ゲームも私たちのチームが優勢《ゆうせい》でゲームが進み、あと一点で「エンド　オブ　マッチ」（試合終了）になるところで、私は相手のシャトルを拾おうと、強くふみ込んだとき、足首のところを「痛《いた》い」と感じました。

私は夢中でゲームを続け、勝つことができました。地区大会といっても、小学生の部は、私たちのクラブともう一つのクラブだけだったので、勝った方が県の大会に出ることができます。私は久実《くみ》さんと手を取り合って喜びましたが、さっきの痛《いた》みが、もっと大きくなってきました。かべぎわのベンチに座《すわ》って、右足首のところをもみました。少し休んで立ち上がったときに、おもわず「あっ」と声を出して前に転びました。痛《いた》くて、力が入りませんでした。

ハレ先生が飛んで来て、

「どうしたの？」

「先生、ごめんなさい。ねんざみたい。」


先生は保冷材《ほれいざい》で私の足首のところを冷やしてくれました。

「もんではだめ！　いい？　じっとしているのよ。歩いてもだめだからね。」

そう言って、先生は、コートの方へもどって行きました。私たちのクラブの試合が、まだ続いていたからです。


なぜかしら？　わたしとしたことが。

私は初めての経験《けいけん》におどろきました。そして、はっと気づきました。今日《きょう》にかぎって、私が朝ねぼうしてしまい、ちこくしてしまいました。そのため準備《じゅんび》運動をしていなかったのです。

朝起きてから、大急ぎで朝ご飯を食べ、大急ぎで、父の車に乗り、集合時間に少しおくれてしまいました。

全部の試合が終わりました。ハレ先生は、おとなも子どももまじったクラブの人たちに、今日の試合をふりかえって、話をして、解散《かいさん》になりました。私の家族は、私のまわりに立って先生の話を聞いていました。かべぎわのイスにこしかけていた私のところに、ハレ先生が来て、

「愛《あい》ちゃん、ごめんね、あなたが、ちこくしたことを、私は知っていたの。十分なウォーミングアップをさせなかったことは、私のミスだわ。ごめんね。」

「先生。そんなことはありません。私がちこくしてしまったのが、いけなかったのです。」

「愛《あい》ちゃん。覚えておいてね。こういう場合は、冷やすことが一番、そして安静にすること、そして医者にみてもらうこと。ただ、今日《きょう》は日曜日だから、明日《あす》一番で病院に行ってくださいね。」

父も母も、まじめな顔をして聞いていました。

結局《けっきょく》、その日は、父におんぶされて、車のところまで行き、帰り道のレストランでの夕食も、その後で、夜の教会での礼拝《れいはい》への参加もできずに、家に帰りました。その日は、いつものわが家《や》とはちがい、みなが少しだまりこんでいました。とくに、父は、毎週教会へ行くのを楽しみにしているので、ふきげんでした。

翌日《よくじつ》、病院でレントゲン写真をとってもらいましたが、骨に異常《いじょう》はなく、ひろうによるねんざとしんだんされました。
「すぐによくなりますよ。若い人は、直りが早いからね。でも、来月の試合はあきらめてくださいね。無理すると、ひどくなるからね」
と医者はいいました。

久実《くみ》さんには、事情《じじょう》を説明して、別の五年生とペアを組んでもらいました。また、私はバドミントンをやめようかと、ひとりで考えています。それは、自分がこの競技《きょうぎ》に向いていないように思うからです。はじめは有名な選手になりたいと思っていたのですが、私はあまり上達しません。きっと、私にはもっとほかの競技《きょうぎ》がむいているのかもしれません。ただ、それが何かがわかりません。

考えてみよう

1　愛《あい》さんの、この日の、一番大きな問題は、どこにあったでしょうか。また、愛さんには、選手としての誤《あやま》りはなかったでしょうか。
2　コーチのハレ先生には、指導者としての誤《あやま》りはなかったでしょうか。
3　クラブをやめようかどうか、まよっている愛《あい》さんの気持を、あなたはどう思いますか。

12　フランシスコ・ザビエル　―最初の宣教師《せんきょうし》―　（信仰《しんこう》）

「人に喜ばれるためではなく、わたしたちの心を吟味《ぎんみ》される神に喜んでいただくためです。」
（テサロニケの信徒への手紙一、二・四）

フランシスコ・ザビエルはバスク人です。バスク人とは、現在では五〇万人くらいの人口で、スペインの国の中で自治権《じちけん》がみとめられているバスク地方の人です。現在《げんざい》ではスペイン国民になっていますが、民族的には、スペイン人ともフランス人ともちがいます。

一五世紀から一六世紀にかけて、バスク人は「ナバラ王国」をもっていました。フランシスコ・ザビエルの父は、ナバラ王国の重要な家臣で、ザビエルの町の城主《じょうしゅ》でした。フランシスコは、一五〇六年四月七日に、この城《しろ》で生まれ、この城《しろ》で育ちました。姉が二人、兄が二人いて、五番目の末っ子でした。少年時代から、カトリックの教理やラテン語などの教育を受けました。兄たちは騎士《きし》となり、フランシスコも騎士《きし》になるとばかり思われていましたが、戦いをきらい、一九才のときにフランスのパリ大学の聖バルバラ学院に入りました。

朝四時起床《きしょう》、六時ミサ、八時から授業《じゅぎょう》、一一時昼食、午後三時から授業《じゅぎょう》、六時夕食、八時夜の祈り、九時消灯、火曜日と木曜日にはスポーツか城外《じょうがい》への散歩がありました。最初のころは主にラテン語（イタリアの言葉）、神学、スコラてつがく、また最近おこってきた自然科学を学びました。地球が円いこと、太陽の周りをまわっていること、日食や月食、雨やあられなどの自然現象《げんしょう》を学びました。その後は、神学やてつがくの勉強にうちこみました。ザビエルはここで一〇年間も学びました。後半には、指導《しどう》教官になり、若い学生にてつがくを教えました。

彼が入学して三年ばかり経《た》ち、二二才のときに、同じバルバラ学院に三八才のイグナティウス・デ・ロヨラ（一四九一年―一五五六年）という「老学生」（当時ではめずらしかったのでこう呼《よ》ばれた）が入学してきました。同じバスク人で、城主《じょうしゅ》の末っ子で、ゆうかんな騎士《きし》でした。戦争で負傷《ふしょう》し、休んでいるときに、残る人生を神にささげようと決心して入学してきました。入学する前に、一年間もどうくつで暮《く》らし、一人で断食《だんじき》やめいそうをして、ある境地《きょうち》に達していた人でした。年がかなり上で、しかも学生仲間からもしんらいされ、この人を中心に七名の学生が、「イエズス会」というグループを作りました。これが後に有名になるカトリック教会の中の修道会《しゅうどう》「イエズス会」の始まりです。

ロヨラは『霊的修行《れいてきしゅぎょう》』という本を書いています。修行《しゅぎょう》をする人は、一か月間、一人静かに生活します。この本はそのときの黙想《もくそう》の手引書です。「イエズス会」を作った若い学生たちは、キリストのようにへりくだって、人々に仕え、十字架を背負って人生を歩み、福音を語り伝えることを目指しました。

「あなたがたの中で偉《えら》くなりたい者は、皆に仕える者になり、いちばん上になりたい者は、みなのしもべになりなさい。」（マタイ　二〇・二六―二七）

この世のめいよを捨てきれないでいたフランシスコ・ザビエルでしたが、ロヨラとの交際《こうさい》を通して少しずつ変わっていきました。ザビエルは、後に日本にキリスト教を伝えた最初の人として有名になりましたが、彼の目的は歴史に名をのこす人になることではなく、ただキリストのように生きることでした。彼は、本当にしょうがいを、求道者または修道僧《しゅうどうそう》のように生きた人でした。

「人は、たとえ全世界を手に入れても、自分の命を失ったら、何のとくがあろうか。」（マタイ　一六・二六）

一五三七年、三一才で正式にカトリック教会の司祭（神父《しんぷ》）になりました。ザビエルは、インド、アジアに伝道したいとローマ教皇《きょうこう》に願い出ました。

「全世界に行って、すべての造《つく》られたものに福音を宣《の》べ伝えなさい。」（マルコ　一六・一五）

教皇《きょうこう》はこれを認《みと》めました。ザビエルは、カトリック教会の司祭として、また「イエズス会」

というグループの一員として、キリストのことを世界中の人々に伝える任務《にんむ》につきました。

一五四一年四月七日、ザビエルは三五才の誕生日《たんじょうび》に、ポルトガルのリスボン港を出港して、一年間もこうかいして、インドのゴアにとうちゃくしました。彼はインドのゴアを中心に、七年間にわたって、スリランカや東南アジアのマラッカまで伝道の足をのばしていました。伝道の成果は著《いちじる》しく、うでが痛《いた》くなるほど大勢《おおぜい》の人々に洗礼をほどこしました。

マレーシアの都市マラッカは、インドのゴアの次に重要な伝道のきょてんになりました。その延長線上《えんちょうせんじょう》に、日本があります。このようなアジア伝道の成功は、報告書《ほうこくしょ》や手紙により、ヨーロッパの人々に知らされました。それと同時に、ヨーロッパの若い人々が、アジア伝道を志《こころざ》してくれるようになりました。

ザビエルは、マラッカで、日本人アンジロウに出会っていました。アンジロウは三五才くらいの武士《ぶし》で、殺人のかどで追われ、ポルトガルの船に乗せてもらい外国にとうぼうしていました。（注1）ザビエルはアンジロウに、キリストのことを話し、アンジロウはこれを信じて信者になりました。このころアンジロウはポルトガル語をかなり話せるようになっていました。さらにアンジロウの従者《じゅうしゃ》の日本人、また別の日本人にも出会い、この三人の日本人をゴアにある神学校に送り、ポルトガル語と信仰《しんこう》の教理を学んでもらっていました。ザビエルは、すでにゴアをきょてんにしていた「イエズス会」のアジア方面の責任者《せきにんしゃ》になっていました。日本に向かって伝道に行く準備《じゅんび》がととのいました。

インドのゴアを出発したのが、一五四九年四月一五日でした。ザビエル、トルレス（スペイン人司祭）、フェルナンデス（スペイン人修道士《しゅうどうし》）、アマドール（インド人の従者《じゅうしゃ》）、マヌエル（中国人の従者《じゅうしゃ》）、アンジロウ、アンジロウの従者《じゅうしゃ》、もう一人の名前の分からない日本人、合計八名で出発しました。当時の船は帆船《はんせん》でした。ザビエルの報告書《ほうこくしょ》によれば、悪天候のため四か月もかかりましたが、八月一五日に鹿児島に上陸しました。

何年ぶりかに、わが家に帰ったアンジロウは、母や自分の妻と再会《さいかい》を

はたし、福音を語り、しんせき、知人にも福音を語り聞かせ、何人かは信じて信者になってくれました。この時代は、まだ信仰《しんこう》は自由でしたし、外国に行っても、罪《つみ》ではありませんでした。

ザビエルは、鹿児島にとうちゃくして、一か月あまりして、領主《りょうしゅ》・島津貴久《しまづたかひさ》に会うことができました。領主《りょうしゅ》はすでにアンジロウに会って、いろいろと話を聞いており、ザビエルを好意的にむかえてくれました。アンジロウが通訳《つうやく》してくれるので、ザビエルはキリストのことを話すことができました。領主《りょうしゅ》は喜んで話を聞いてくれましたし、ザビエルに一けんの家を貸《か》しあたえる約束をしてくれました。

日本をよく理解《りかい》しようとして、ザビエルは、八〇才になる曹洞宗福昌寺《そうとうしゅうふくしょうじ》の住職《じゅうしょく》やほかのそうりょを訪問《ほうもん》し、話を聞きました。このような積極的な彼《かれ》の行動力は、すでに四五才になり、多くの人生経験《けいけん》を積んできたザビエルの人格《じんかく》から出てくるものであったと思われます。

上陸してから、三か月ほどたった一一月五日、自分たちが乗って来た船が、マラッカに帰るので、手紙を書いてたくしました。この手紙と後に出した多くの手紙と報告書《ほうこくしょ》によって、今日《こんにち》の人々は、当時の様子をくわしく知ることができます。それによると、日本人はザビエルが出会った人々の中では、とてもよい民族であることが書いてあります。しかし、日本人は非常《ひじょう》にめいよしんが強いとも書いています。

日本伝道のさいちゅうも、ザビエルは、キリストのようなけんそん、キリストのような従順《じゅうじゅん》、キリストのようなぎせいの精神を、若《わか》かった時と同じように『霊的修行《れいてきしゅぎょう》』によって積んでいると記《しる》しています。

私たちにとっては、おもしろいことも書き残しています。ザビエルの目から見て、日本人が、ほんの少量の食事ですませていると言ってふしぎがっています。わずかな食べ物で生きてゆけることを知ったということ、しかもそれでいて健康的に生活していると書いています。また、日本人が非常《ひじょう》に質問好きな国民で、その質問から察すると、日本人はまだ地球が円《まる》いこと、太陽のきどうのことなどを知らないらしく、自分たちを学識《がくしき》のある者と思ってくれたようだと書いていています。このように、日本人に非常《ひじょう》に良い印象を持ったザビエルは、日本で伝道するために、さらに宣教師《せんきょうし》を送ってくれるようにも書いています。この手紙によって、ザビエルの後に次々に宣教師《せんきょうし》が送られてくるようになりました。

ザビエルは、聖書のいろいろな教えを「信仰箇条《しんこうかじょう》の説明書」という日本語の文書にしました。もちろん、アンジロウがほんやくしたものです。それには、ローマ字がふってあり、いっしょに来た仲間の宣教師《せんきょうし》たちが、伝道するために大きな助けになりました。

ザビエルが借りた家の女性《じょせい》の家主《やぬし》が、その村ではただ一人信者になり、洗礼を受けました。三四年も後になって、ある宣教師《せんきょうし》が鹿児島に来て、ザビエルから洗礼をさずけられたその女性《じょせい》が老女となり、ずっと信仰《しんこう》を持ち続けていることを知って喜んだ、という報告《ほうこく》がなされています。

また、鹿児島の北西にある市来城《いちきじょう》の家老《かろう》もザビエルの話を聞いて信じ、洗礼を受け、自分の城主《じょうしゅ》やその家族、また家臣にも信仰《しんこう》をすすめ、一五名の人たちが洗礼を受けました。ザビエルたちは、一年間鹿児島にたいざいしましたが、約百名の人たちが信者になりました。

しかし、仏僧《ぶっそう》の反対が強くなり、仏僧《ぶっそう》たちが領主島津貴久《りょうしゅしまづたかひさ》にキリスト教の伝道を禁止《きんし》するように求めました。その要求が通り、ザビエルらの伝道活動は終わりました。ザビエルは日本国の天皇《てんのう》に伝道の許可《きょか》をもらって、安心して伝道したかったので、これを機会に、鹿児島を去り、平戸《ひらど》を経由《けいゆ》して、京都に向かうことにしました。最初に向かった平戸《ひらど》では、ポルトガル人に会うことができて、非常《ひじょう》に喜びました。平戸《ひらど》には一か月ほどの短いたいざいでしたが、約一〇〇名の人々に洗礼を授《さず》けることができました。

平戸《ひらど》から山口に向かい、さらに京都に向かいました。ところが、そのころの京都は応仁《おうにん》の乱《らん》（一四六七年―一四七七年）という戦乱《せんらん》で、あれはてていました。ザビエルは、天皇《てんのう》にも会えず、わずか十一日間たいざいしただけで、京都をはなれ、山口にもどりました。そして、領主《りょうしゅ》の許可《きょか》を得て、山口で四か月間伝道しました。

フランシスコ・ザビエルの伝道方法は、おもに、道に立ち、一日二回、自分のかたことの日本語で直接《ちょくせつ》話すか、通訳《つうやく》を通して話すかでした。そのような熱心な姿に感動して、ザビエルを自宅《じたく》に呼び、さらにくわしい話を聞かせてくれという人、中には信じてくれる人がいました。ザビエル一行の伝道の成果は、鹿児島での一〇〇人、平戸《ひらど》での一〇〇人、山口で五〇〇人と合計七〇〇人ほどにも達しました。多くの人々が、まじめに話を聞いてくれましたが、中には、つかつかとザビエルの前にやって来てツバをはきかける人もいました。ザビエルたちは、子どもに石を投げつけられたこともありました。

一五五一年九月に、豊後《ぶんご》（大分県《おおいたけん》）の大友宗麟《おおともそうりん》という武将《ぶしょう》が招《まね》いてくれたので、船で向かいました。（この大友宗麟《おおともそうりん》は後にクリスチャン大名になりました。）豊後《ぶんご》には、ちょうどポルトガルからの船が来ていて、ザビエルは、一一月に、そのポルトガルの船に乗って一時ゴアにもどる決心をしました。「イエズス会」の責任者《せきにんしゃ》として、伝道のきょてんになっているゴアにもどる決心をしたのでしょう。日本にはじめてキリスト教を伝えた宣教師《せんきょうし》ザビエルは、二年三か月の日本たいざいで、豊後《ぶんご》の港からゴアに向かい帰って行きました。

ザビエルはインドのゴアにもどり、るすの間に生じたいろいろな問題をかたづけ、次に中国へ伝道するように、神に示されていることを感じました。日本への伝道は、他の宣教師《せんきょうし》たちに任《まか》せてよいと思いました。ゴアを出発し、マラッカまでは、日本行きの人々と同じ船でしたが、そこからザビエルは中国に向かう船に乗りかえました。

そのころの中国は、さこく政策《せいさく》をとっていましたから、なかなか入国できませんでした。中国の沿岸《えんがん》にある上川島（シャンチョワン島、本土から一七キロの海上にある島）という所に行き、目の前にある中国大陸への上陸のチャンスを待っていました。しかし、ザビエルは熱を出し、日本を去った一年後、一五五二年一二月三日の夜明け、樹木《じゅもく》と枝《えだ》だけでできたそまつな小屋で、中国人の従者《じゅうしゃ》とインド人の従者《じゅうしゃ》に看取《みと》られて、四六才と八カ月のしょうがいを閉《と》じ、天にめされました。無念の内に、若くして天にめされたと、考えることもできますが、ただキリストのように生きようとちかった彼にとって、かくごの死であったのかもしれません。一七キロ先の中国本土には、ついに上陸できませんでした。しかし、最後まで、ロヨラたち七名の友人と立てた約束に忠実な司祭として、イエズス会のメンバーとして人生をまっとうしました。

彼の遺体《いたい》はシャンチョワン島にまいそうされましたが、ほり返され、三か月後にはマラッカに、さらに翌年《よくとし》にはゴアへ運ばれ、まいそうされました。

ザビエルといっしょに日本に来たトルレス神父は、その後二一年間も、九州各地で伝道し、三万人の人々に洗礼をさずけ、五〇の教会を作り、一五七〇年熊本県天草《あまくさ》の志岐《しき》という所で七〇才で天にめされました。

（注１）河野純徳訳『聖フランシスコ・ザビエル全生涯』、平凡社、一九八八年、一四一頁。

考えてみよう

1　はるばる日本にまで伝道に来たフランシスコ・ザビエルを、つき動かしていた心の中の動機は何だったと思いますか。

2　宗教《しゅうきょう》を信じている人々を殺すのは、よくないことです。それで、近代社会は「信教《しんきょう》の自由」という思想を作りました。信じる自由、信じない自由は、だれも反対してはいけないという思想です。それを人間の基本的人権《じんけん》としました。あなたは、自分の信仰《しんこう》を大切にするように、他の人の信仰《しんこう》を大切にしていますか。

13　二六聖人の中の三人の少年

（信仰《しんこう》）

「ステファノは主に呼びかけて、『主イエスよ、わたしの霊《れい》をお受けください』と言った。」
（使徒言行録《しとげんこうろく》　七・五九）

日本にキリスト教を伝えた最初の宣教師《せんきょうし》は、フランシスコ・ザビエルで、一五四九年八月一五日に、鹿児島に船で来ました。彼はカトリック教会の神父《しんぷ》（司祭《しさい》）でした。神父のことをポルトガル語で「バテレン」といいます。

ザビエルは、わずか二年三か月だけ日本で伝道《でんどう》しました。しかし、彼のあとも、つぎつぎとポルトガルとスペインの宣教師《せんきょうし》が、船で日本に来て、キリスト教の伝道《でんどう》をしました。そのおかげで、多くの日本人がキリスト教徒になり、多いときには六〇万人も信者がいました。おもに九州や中国地方、また、当時日本の中心であった京都や大阪に多くいました。教会や修道院《しゅうどういん》や神学校が建てられました。

武士《ぶし》や大名《だいみょう》の間にもキリスト教徒《きょうと》が多くなり、仏教の僧《そう》たちが反対するようになり、一五八七年に、豊臣秀吉《とよとみひでよし》がカトリック教会のイエズス会という修道会《しゅうどうかい》のバテレンの追放令《ついほうれい》を出し、約六〇の教会をこわしました。しかし、それでもバテレンたちは、ひそかに伝道《でんどう》していました。

豊臣秀吉《とよとみひでよし》は、バテレンを送りだしているスペインが、日本に攻《せ》めてくるかもしれないとおそれて、一五九六年の末《すえ》から翌年《よくとし》の初めにかけて、キリスト教の伝道《でんどう》を禁止《きんし》し、バテレンや信徒《しんと》をつかまえて長崎まで連れて行き死けいにせよ、という命令をくだしました。ですから、ザビエル以来《いらい》安心してキリスト教が伝道できたのは、わずか四七年にすぎませんでした。豊臣秀吉《とよとみひでよし》の配下《はいか》の役人《やくにん》たちは、みせしめのように、おもに京都と大阪にいた六名のバテレンと一八名の日本人の信徒《しんと》をつかまえました。

とらえられたキリスト教徒《と》（ポルトガル語でキリシタン）は、京都と大阪と堺《さかい》の町中《まちなか》を引きまわされ、長崎までの長い道のりを、はだしで歩かされました。先頭《せんとう》には「この者どもは、邪宗《じゃしゅう》（まちがった宗教《しゅうきょう》）を説《と》いたかどで、おしおきにされ、長崎ではりつけのけいにされる」というプラカードを立てて歩かされました。役人《やくにん》は、このようにすれば、キリシタンたちが反省《はんせい》し、見物に来た人々もキリスト教を信じなくなると考えました。また、すでにキリスト教を信じている人々が、信仰《しんこう》をすてると思いました。しかし、二四人は高らかに聖歌《せいか》を歌い、見物に来る人々にキリスト教の信仰を説《と》きました。すなわち、逆効果《ぎゃくこうか》になってしまいました。

秀吉《ひでよし》の命《めい》で死けいをいいわたされたのは二四名でしたが、それとは別に、二人の信徒《しんと》が、ずっと行列のあとについて、「わたしも殉教者《じゅんきょうしゃ》の仲間《なかま》に入れてください」としつこく願ったので、役人《やくにん》が入れてあげました。そのため二六名になりました。彼らは寒い一月から二月にかけて約一ヶ月間、京都から長崎まで八〇〇キロを、みせしめのため歩かされました。二月五日の朝、長崎の浦上にあるハンセン氏病の病院に着き、そこにいた宣教師《せんきょうし》たちと話すことができました。そして、そのまま西坂《にしざか》（現在の長崎駅の近くにある西坂公園）の丘の上のけいじょうに向かいました。

長崎にはキリスト教徒《きょうと》が多くいました。それらの人々がさわぎを起《お》こすのではないかと、役人《やくにん》たちはおそれていました。多くの人々がおしよせてきましたが、暴動《ぼうどう》にはなりませんでした。二六名のキリシタンのうち、六〇才代の人が一人いましたが、あとは五〇代、四〇代、三〇代、二〇代の男性ばかりでしたが、おどろくことに、一〇代の少年が三名いました。

その一人、小崎少年（洗礼名トマス）は一五才でした。お父さんと共にとらえられ、親子で殉教者《じゅんきょうしゃ》になりました。京都と大阪の修道院《しゅうどういん》の建築のために働いていました。彼が愛するお母さんにあてて書いた手紙のスペイン語訳《やく》が残っています。本人が書いたものは残っていませんが、宣教師《せんきょうし》がスペイン語に訳《やく》したものがバチカン図書館に保存《ほぞん》されています。そこには、次のように書かれています。

「お母さま、主の恵みにたすけられて、この手紙を書いています。神父《しんぷ》さま以下二四名は、長崎で十字架《じゅうじか》につけられることになっています。どうか私のこともお父さまのことも心配しないでください。パライソ（天国）でお母さまのおいでをまっています。…人がお母さまにどのようなことをしても、忍耐《にんたい》し、かつすべての人に、多くの愛をお示《しめ》しください。それから、二人の弟たちを、異教徒《いきょうと》の手にゆだねることのないように計《はか》らってください。私はお母さまのことを主におゆだねします。知っているかたがたに、よろしくお伝えくださいい……。安芸国《あきのくに》　三原《みはら》のろうごくより。（陰暦《いんれき》）一二月二日。」（注1）

一三才の少年、洗礼名アントニオは、父が中国人、母が日本人で、長崎で生まれ、宣教師《せんきょうし》に育てられ、教えを受けました。大阪に行っているときに宣教師《せんきょうし》とともにとらえられました。しょけいされたとき、信者ではなかった両親が、十字架の近くに来て、はげしく泣きさけぶので、彼は、

「私が十字架《じゅうじか》にかけられたからといって、泣かないでください。殉教者《じゅんきょうしゃ》として、私はやがて天におられる神さまにお目にかかります。天にのぼっても、お父さまとお母さまのことを、けっして忘《わす》れません。どうかお泣きにならないで、気をたしかにもって、喜んでください。私の信仰《しんこう》をみて、両親もよろこんでいる姿を人々にしめしてください。そうすれば、未信者のかたも、私の信仰《しんこう》をわかってくださるかもしれません」

と、言いました。（注2）

もっとも若《わか》かったのは、一二才の（洗礼名ルドビコ）茨木《いばらぎ》少年です。年齢の数えかたが昔の数えかたであれば、今の一一才であったかもしれません。二人のおじにあたる人が、同じ二六名の殉教者《じゅんきょうしゃ》の中にいました。茨木《いばらぎ》少年は、いつも明るくほがらかな性格《せいかく》で、長崎への道中《どうちゅう》でも、

ほかの人たちのなぐさめとはげましになりました。二六名の中の一人であったブランコ神父は、長崎につく直前《ちょくぜん》に、この少年のことを次のように書き残しています。

「だれもがルドビコ少年の明るさにおどろいている。一人の武士《ぶし》（役人《やくにん》の一人）が、このいとけない（年の小さい）少年を見て、あわれに思い、『おまえは信仰《しんこう》のためにはりつけにされようとしているのだから、その信仰《しんこう》をすてなさい。そして拙者《せっしゃ》の家に来なさい。おまえのなわをほどいて、自由にしてやろう』と言いました。するとルドビコは、『お武家《ぶけ》さまこそ、キリシタンにおなりになり、私が行こうとしているパライソにおいでになれば、そこはずっといいところです』と答えました。」

この茨木《いばらぎ》少年は、西坂《にしざか》のけいじょうに着いたとき、自分の十字架《じゅうじか》に走りより、それに口づけをしました。そして、十字架の上で、となりにいた一三才の少年、洗礼名アントニオといっしょに、詩編《しへん》第一一三篇の聖歌を声高らかに歌いました。

「ハレルヤ。主《しゅ》のしもべらよ、主《しゅ》をさんびせよ。
主のみ名をさんびせよ。…」

しかし、歌い終わらないうちに、やりの穂先《ほさき》が、かれの両脇《りょうわき》をつらぬきました。少年は「パライソ、イエズス、マリア！」と叫《さけ》んで死にました。（注３）

「キリストは神の身分《みぶん》でありながら…人間のすがたで現《あらわ》れ、へりくだって、死にいたるまで、それも十字架の死にいたるまで、（父なる神に）従順《じゅうじゅん》でした。」（フィリピの信徒への手紙　二・六―八）

「さいごまで、たえしのぶ者は救われる。」（マルコによる福音書一三・一三）

殉教者《じゅんきょうしゃ》たちの死体は、二月から十月までの八か月間、十字架《じゅうじか》の上にさらされたままでした。役人《やくにん》によってみはられていましたから、だれも近づくことができませんでした。やがて秀吉《ひでよし》が、かたづけてもよいと命じたら、人々が、この丘にやって来て、遺物《いぶつ》を手にいれ、十字架《じゅうじか》さえも運びさってゆきました。（注4）

カトリック教会では、二六五年後の一八六二年に、この二六名をカトリック教会の「聖人」にしました。

紀元百年代の終わりから二百年代のはじめの、古代《こだい》の教会の指導者《しどうしゃ》であったテルトゥリアヌスという人の書いた本の中に、次のような一文《いちぶん》があります。

「あなたがた（迫害《はくがい》をする人々）が、われわれを刈り取れば、そのつど、われわれの信者は、倍加する。キリスト教徒の血は、種子《しゅし》なのである。」（注５）

これは、しっかりした信仰をもって殉教《じゅんきょう》していった人々を見て、より多くの人々が信者になってゆくことをいっています。日本でも、これら三人の少年のじゅんすいな信仰が、多くの人々を信仰へとみちびいています。

（注１）Ｔ・オイテンブルク、Ｓ・シュナイダー共著、小沢謙一訳『日本二十六聖殉教者　―歴史的背景と略伝―』、中央出版社、一九九二年、七七―七八頁。
（注２）同、七九―八〇頁。
（注３）同、八〇―八一頁。
（注４）同、四九―五〇頁。

（注5）テルトゥリアヌス著『護教論（アポロゲティクス）』鈴木一郎訳『キリスト教教父著作集一四』、教文館、一九八七年、一一七—一一八頁。

考えてみよう

1　これらの三名の少年は、なぜ殉教《じゅんきょう》の死を受け入れたのでしょうか。

2　これらの三名の少年は、自分たちの死を通して、何をうったえようとしたのでしょうか。

14　ただであげる愛（愛）
―升崎外彦《ますさきそとひこ》の一生―

「しんこうと、希望と、愛、この三つは、いつまでも残る。その中で、もっとも大いなるものは、愛である。」（コリントの信徒への手紙一、一三・一三）

キリスト教は、日本では、一五四九年に、カトリック教会の宣教師《せんきょうし》フランシスコ・ザビエルの伝道から始まりました。しかし、はくがいがはげしく、一六一四年に徳川家康《とくがわいえやす》によって「キリスト教禁止令《きんしれい》」が出されて、わずか六五年で終わりました。

一八七三年（明治六年）に、日本中の町かどにかかげられていた、キリスト教禁止《きんし》の掲示板《けいじばん》が、とりはずされました。そして、カトリックの宣教師《せんきょうし》に加えて、プロテスタントの宣教師《せんきょうし》も日本に来て、キリスト教の伝道が再開《さいかい》されました。

「あなたがたは行って、すべての民をわたしの弟子《でし》にしなさい。かれらに父と子とせいれいの名によって、洗礼《せんれい》を授《さず》け、あなたがたに命じておいたことを、すべて守るように、教えなさい。」（マタイによる福音書　二八・一九―二〇）

宣教師《せんきょうし》たちは、このイエスの命令に、心を動かされて、日本にやって来たのでした。やがて、日本人の中から、牧師や神父になる人々も生まれました。そのような一人、升崎外彦《ますさきそとひこ》さんを、しょうかいします。

升崎外彦《ますさきそとひこ》という人は、一八九二年（明治二五年）四月一二日に、金沢市《かなざわし》のこうがいのお寺の子として生まれました。

将来《しょうらい》は、父のあとをついで、仏教のそうりょになることになっていましたが、救世軍《きゅうせいぐん》というプロテスタントの教派《きょうは》のキリスト教の話を聞いて、強く心を打たれ、クリスチャンになりました。そして、牧師になりました。

二三歳で、神学校を卒業し、仙台《せんだい》の教会に、はけんされました。そこで一人の少女を、悪いそしきから、すくい出そうとしたとき、レンガをまいたてぬぐいで、頭をなぐられ、三日間意識不明《いしきふめい》の重傷《じゅうしょう》を負《お》いました。「余命《よめい》六か月、長くても二年」と言いわたされました。しかし、ここから、六〇年以上の、ふしぎなしょうがいが始まりました。（少女は、警察《けいさつ》によってすくい出されました。）

升崎外彦《ますさきそとひこ》は、あと二年しか生きられないのなら、とくに伝道がむずかしい地方の山村で、イエスのことを伝えようと考えました。そして、島根県の出雲《いずも》地方にある斐伊《ひい》川の上流に行きました。

住むために貸《か》してくれる家がなく、ようやく借りた家は、今にもこわれそうな、へびのいっぱいいる小屋でした。聖書の話をしようとして家々を訪《たず》ねると、げんかんでことわられ、子供たちから石を投げつけられました。石があたり、メガネがこわれ、意識《いしき》をなくしました。この話を聞いた、ある人が飛んで来て、川の水で顔を洗っていた升崎《ますざき》牧師を助けました。その人はイエス・キリストを信じていた人でしたが、その信仰《しんこう》を村の人々にかくしていました。この人は、かくしていたことを反省して、この時いらい升崎《ますざき》牧師を熱心に支《ささ》え、協力しました。

升崎《ますさき》牧師は、その村の郵便配達員《ゆうびんはいたついん》になりました。字の読めない人、書けない人の助けをし、困《こま》っている人たちの相談相手になりました。子どもたちの中には、日曜学校にきて聖書の話を聞いてくれる子が出てきました。コレラという伝染病がはやったときには、皆がいやがる遺体《いたい》の焼却《しょうきゃく》を一人でしてあげました。

お寺のそうりょであったお父さんは、息子をうばったキリスト教をにくみ、キリスト教のまちがっている点を知ろうと、聖書を読んでみました。わからない点を、人に聞くのはくやしくて、一人で読みました。よくわからないので、父は全聖書を、読んでは考え、考えては読みました。三年かかりました。そのとき、父はすっかりキリストを信じていました。外彦《そとひこ》は、父からそれを知らせる手紙を受け取りました。外彦《そとひこ》は父の手紙をだいて、なみだを流しました。そして、十二年ぶりに金沢《かなざわ》に帰り、父に会いました。父は「外彦《そとひこ》や、これを見てくれ」といって、床《とこ》の間《ま》にかけてある「掛《か》け軸《じく》」を指さしました。

ふり向いてカルバリ山をあおぎけり

「カルバリ山」とは、イエスが十字架にかけられた丘《おか》の名です。

升崎《ますさき》牧師は、次に、和歌山県の南部《みなべ》という所に伝道に行きました。かれが三五歳のときでした。

出発するとき、友人の賀川豊彦《かがわとよひこ》という牧師が、家中にあったお金十三円二十銭をわたし、「升崎先生、行く先を知らないまま出発したアブラハムのように、南部《みなべ》へ行き、イエスの福音を伝えてください。それからもう一つ、テントとかさを忘《わす》れないように」と言いました。そのころは、まだ和歌山県を走る鉄道の紀勢線《きせいせん》はできていませんでした。船で沿岸を南下して行きました。

海浜《かいひん》に三か月テントをはって過《す》ごしました。かさは雨が降ったとき、テントの中で役立ちました。

ある朝、テントの外で、「升崎《ますさき》先生、升崎《ますさき》先生」とさけぶ声がありました。

「升崎《ますさき》先生、学校のりんじの先生になってください。あなたはこの海岸で子供たちにいろいろ教えてくださっているそうですね。じつは、学校の先生が急に二人やめて、こまっているところです。」

そう言ったのは、その学校の校長先生でした。

升崎《ますさき》先生は、テント生活をやめて、家を借りることができ、和歌山県南部《みなべ》での生活が始まりました。学校の先生は、しばらくしてやめました。正式の教員が来たからでした。

升崎《ますさき》牧師は、町のために何でもしました。だんだん町の人々も、升崎《ますさき》牧師が何でもしてくれることを知るようになりました。

ある日、警察官《けいさつかん》が訪《たず》ねてきて、

「じつは、自殺みすいの姉妹《しまい》二人のめんどうを、見てくれませんか」

と、たのみこんできました。母が病気でなくなり、父が仕事に失敗して自殺し、おじにだまされて、住んでいた家をおわれ、あまりの悲しみで、自殺をこころみました。回復《かいふく》したのですが、警察《けいさつ》にいつまでも、置いておくことができません。出せば、また自殺すると思うので、升崎《ますさき》先生に、おあずけしたいということでした。

升崎《ますさき》牧師は、引き受けました。その時には、升崎《ますさき》牧師は、けっこんしていたのですが、おくさまも先生と同じように、心のやさしい人でした。升崎《ますさき》夫妻《ふさい》は、姉の方を八か月、妹の方を一年四か月、おせわしました。二人は元気を回復《かいふく》し、しゅうしょくしました。十二月三一日、とつぜん、二人がそろって升崎《ますさき》牧師の家にきました。

「先生、このふうとうの中には、私たちのボーナスのすべてがはいっています。生まれ変わった、私たちのささげものです。」そう言って、けんきんをしてくれました。そのお金をもとに「ひまわりそう」という家を建てました。升崎《ますさき》先生は、いつも二人に「あなたのなみだを、太陽に向けてかわかしなさい」といって、はげましていたからです。

このような話もあります。

兵庫県《ひょうごけん》の、ある少年院に、だっそうをくりかえす少年がいました。院長は、人から升崎《ますさき》先生の話を聞いていましたので、少年院よりも、升崎《ますさき》先生の所が、良いのではないかと考えました。少年院は、鉄のさくと、がんじょうなかぎで、外に出ることは、できませんでしたが、升崎《ますさき》先生の所は、出入り自由でした。院長は、この少年のためには、その方がよいと考えたのかもしれません。院長から、その少年のおせわをするようにたのまれた升崎先生は、「キリストならば、この時どうするだろうか」を考えました。そして、キリストの言葉「私の兄弟であるこの最も小さい者の一人にしたのは、わたしにしてくれたことなのである」という言葉を思い出しました。そして、お引き受けしました。

心のこもった先生夫妻《ふさい》の愛情をうけて、少年は少しずつ変わっていきました。そして、先生の仕事を手伝うようになりました。四年後には、その少年は、すっかりもとの力を回復し、よろこんで生きるようになりました。そして、父親のもとに帰って行きました。

しばらくして、その少年と父親が、荷車に一本の「さるすべり」の巨木《きょぼく》をつんでやってきました。新しい家のどこかに使ってくださいということでした。「さるすべり」の木は、まっすぐではありません。しかし、光沢《こうたく》があるので、床《とこ》の間《ま》に用いると、みばえがして、人気のある木です。この木を用いて、升崎《ますさき》牧師は「兄弟荘《そう》」と名づけた家を建てました。

このようにして、多くの人々の感謝《かんしゃ》にみちたけんきんで、「ルツりょう」、「アブラハムりょう」、「しょうえいかん」などの十数むねの建物が、三十数年のうちに建てられていきました。もちろん教会も建てました。しきちは、かつてテントを張《は》った海岸のすぐ近くにあり、少しずつ買って増《ふ》やすことができました。困《こま》っている人や、ちいきのふくしのために、今も用いられています。

升崎《ますさき》先生は、いろいろな活動をしましたが、プライバシーほごのために、先生のむねの内に、しまっておかなければならないことが、たくさんありました。

升崎外彦《ますさきそとひこ》さんは、いろいろな団体から、ひょうしょうされようとしました。しかし、それを断《こと》わりました。一つだけ、やむをえず受けましたが、きっと、それはあまりうれしいことではなかったと思います。なぜなら、イエス・キリストは「天に宝を積め」と言いましたし、「あなたの右の手がしていることを、左の手にしらせるな」とも教えておられるからです。升崎《ますさき》先生はイエスの教えにしたがって生きようと努力した人でした。このような人たちの努力で、今では、たくさんの教会や施設《しせつ》があります。どうか教会を大切にしてください。

升崎《ますさき》牧師は、「長くて二年」と言われて始めた活動でしたが、八四才になるまで元気で働くことができました。ある伝道所で聖書のお話をするために、バス停でバスを待っていたときに、けつまずいて転び、病院に運ばれ、それがきっかけで一九七六年四月二二日に、天にめされました。

升崎外彦

考えてみよう

1　升崎外彦《ますさきそとひこ》牧師の「人を助けよう」と思う心は、いったいどこから出てきたのでしょうか。

2　キリスト教徒は、なぜイエス・キリストのことを、人々に伝えようとするのでしょうか。

15 シュヴァイツァー博士 ―神を愛し、りんじんを愛した人―

（愛、生命）

「『心をつくし、精神をつくし、思いをつくして、あなたの神である主を愛しなさい。』これがもっとも重要な第一のおきてである。第二も、これと同じように重要である。『りんじんを自分のように愛しなさい。』」（マタイによる福音書《ふくいんしょ》　二二・三七―三九）

アルベルトは、子どものころ、一日じゅう、森や小川であそび、夜になってベッドに入るときには、かならず、お母さんが、いっしょにお祈りしてくれました。

「天にかがやくお星さまも、村の中をながれる小川のせせらぎも、主よ、あなたをほめたたえているようです。わたしのかわいいアルベルトも、今ここで、あなたをほめたたえています。世界はすべて神さまのものです。すべての生きものが、きょうも平和にねむれますように…。アーメン。」

アルベルトは「アーメン」といい、お母さんのキスをうけて、ねむりにつきました。

アルベルト・シュヴァイツァーのお母さんは、牧師の子で、おとなになってから牧師とけっこんして、六人の子の母となりました。アルベルトのお父さんは、ドイツとフランスの国境《こっきょう》近くにあるアルザス地方のルーテル教会の牧師でした。アルベルトは、まず、神を愛する子として育《そだ》っていきました。

お父さんの教会は、カトリックの教会と同じしきちの中にありました。というのは、この地方では、むかし、宗教改革《しゅうきょうかいかく》（注1）の後、プロテスタント教会とカトリック教会との大きな争いがあり、それを反省して、二つの教会は仲良くするようになっていたからです。

アルベルトは四才か五才のときから、お父さんに牧師館でピアノを教えてもらいました。八オころからは、となりにある教会堂でパイプ・オルガンを教えてもらいました。ピアノの練習は、指の動きを体でおぼえるために、五才くらいから始めるのがよいといわれます。もちろん、人によってちがいがありますが、アルベルトのばあいは、メロデイに和音を自由につけることができるような、生まれつきの、よい才能《さいのう》に恵まれていました。

村の人たちのほとんどは、ドイツ語とフランス語の両方を話すことができました。その理由は、村があるアルザス地方はドイツとフランスの国境《こっきょう》近くにあり、戦争によってドイツ領《りょう》になったりフランス領《りょう》になったりしたからです。アルベルトのばあい、家庭ではフランス語を話し、学校では、そのころは、ドイツ領《りょう》に属していましたから、ドイツ語を話していました。こくせき上はドイツ人でした。人間は、言葉で自分の考えを表現《ひょうげん》します。それは十二、三才ころまでに身につきます。アルベルトは両方の言葉を身につけていました。

高等学校は、学校の近くに住むおじさん夫婦《ふうふ》の家から七年間通《かよ》いました。おじさん夫婦《ふうふ》は、おいのアルベルトをきびしく育てました。とくにピアノとパイプ・オルガンの練習については、きびしく練習させました。そのおかげで、一六才のときには、礼拝《れいはい》のオルガン奏者《そうしゃ》になりました。

また、そのころからヨハン・セバスチャン・バッハ（注2）の作曲した宗教曲《しゅうきょうきょく》を大すきになり、バッハについて研究して、その練習に取り組み、また有名なオルガン奏者《そうしゃ》のもとに出かけて行き、自分の練習を見てもらいました。そのためにはフランスのパリまでも出かけました。このように一〇才から一七才まで、人生の中で、心身ともに、もっとも成長するときを、よいかんきょうのもとですごすことができました。生まれたときには、やせた小さな児《こ》でしたが、強い体の青年になりました。この強い体も、のちに役立ちました。

大学は、ドイツのアルザス地方の中心都市であるストラスブルグ大学に入りました。アルベルトは、父と同じ牧師になる決心をしました。子供のときから教会で学んできた聖書を、原典《げんてん》から学ぶためにヘブライ語やギリシャ語の勉強から始めました。ドイツは、そのころ、聖書の研究では、世界でもっともすすんだ国でした。

二十一才のときに、自分も三〇才になるまでは、ひたすら神学・てつがくの研究を深めようと決心しました。三〇才を一つのくぎりに、その後は、神さまにすべてをささげて生きようと考えました。なぜなら、イエスが三〇才ころに神の子としての働きを始めたからです。フランスのパリやドイツのベルリンの大学でも、有名な先生の講義《こうぎ》を聞くことができました。パリでは、有名なオルガン奏者《そうしゃ》に教えてもらいました。

ドイツでは、ひつような授業《じゅぎょう》を受けて、学位論文《がくいろんぶん》を認められると、博士号《はくしごう》を与えられる制度でした。しかし、それに合格《ごうかく》することは、非常にむずかしいことでした。アルベルトは二四才のときに、てつがく博士《はくし》号を、二五才のときに、神学博士《はくし》号をあたえられました。そして、教会の副牧師になり、大学の講師《こうし》になりました。オルガンの練習もつづけました。三〇才が近づいてきました。

ある朝、手紙の中にアフリカ伝道の報告書《ほうこくしょ》がまじっていました。それを読むとアフリカのコンゴ地方で宣教師《せんきょうし》を求めていると書いてあります。「医者になってアフリカの伝道に行こう」と決心しました。医者になるのは、その方が良いほうしが、できると考えたからでした。つまり、説教をすることではなく、じっさいに体を動かして、人々に仕《つか》えたいと思ったからでした。

「シュヴァイツァー先生、あなたはもう学生ではなく先生です。その先生が同じ大学の医学部の学生になろうというのですか。」

そういって、かれが心で考えていることを、理解《りかい》してくれる人はいませんでした。しかし、同じ大学の先生として、医学部の講義《こうぎ》をただで聞くことは、規則《きそく》で許《ゆる》されているので、ほかの若い学生にまじって医学の勉強を始めました。副牧師の仕事や神学部の講師《こうし》の仕事はつづけながら、またオルガンの練習をつづけながら、六年間、医学の勉強をつづけました。いくらがんじょうな体を持っているとはいえ、とてもきびしい生活でした。

一九一一年、三六才で医師《いし》の国家試験に合格《ごうかく》しました。

そのころ、ヘレーネ・ブレスラウという女性とであいました。ドイツ人ですが、ユダヤ系の女性で、二五才になったら、ほうしに専念《せんねん》すること、かんごの勉強をしていることなど、人に仕《つか》える気持がアルベルトと似《に》ており、けっこんすることになりました。同時に、アフリカに出発する前に、アフリカ特有《とくゆう》の病気の研究「熱帯医学《ねったいいがく》」の勉強をしました。ふたりでアフリカに出発したのは、一九一三年でアルベルトは三八才になっていました。

牧師、学者、オルガン奏者《そうしゃ》のすべてをすてて、一人の医者として、イエスのように生きようと、人生のかじを大きくきりました。そして九〇才になるまで五〇年以上も、同じ場所で現地《げんち》の人々への、いりょう活動をつづけることになります。

パリ伝道協会から派遣《はけん》された場所は、アフリカの赤道近くで、フランスが植民地《しょくみんち》としていた「赤道アフリカ地方」（今のザボン共和国）のランバレネという所でした。大西洋を南下しオゴーウェ川の入口で、川をさかのぼる蒸気船《じょうきせん》に乗りかえ、出発して三週間かかってとうちゃくしました。そして、カヌーに乗りかえ、三〇分ほどさかのぼると、白い小さな建物が見えました。

パリ伝道協会の学校があり、宣教師《せんきょうし》や女性《じょせい》の教師《きょうし》たちが、出むかえてくれました。しかし、医りょう活動を行える小屋は、どこにもありませんでした。自分たちのすむ場所だけはあったのですが、その部屋《へや》もクモや虫がいっぱいおり、そうじするのに一時間もかかりました。

よく朝、目をさますと、外がさわがしく、出てみると、いっぱいの人だかりでした。医者が来た、といううわさを聞いて、近くから病人とその家族がおしよせていたのです。まだ、しんさつ用の荷物がとどいてないのに、とうちゃくした翌日《よくじつ》から活動が始まりました。説教をする仕事から、実際にほうし活動をする仕事に変わったしゅんかんでした。しんさつ室がないので、木陰《こかげ》でしんさつを始めました。病気にはいろいろの種類がありました。

マラリア　ハマダラ蚊《か》という蚊《か》にばいかいされてかかるでんせんびょう。寒気《さむけ》と高熱《こうねつ》が交互《こうご》におそう。

眠《ねむ》り病《びょう》　ツェツェバエにばいかいされてかかるでんせんびょう。ときには高熱が三年間もつづく。

赤痢《せきり》　赤痢菌《きん》による急性《きゅうせい》でんせんびょう。げり・腹痛《ふくつう》・発熱《はつねつ》などをおこす。

ハンセン病　病原菌《きん》の発見者がハンセン博士《はかせ》。神経《しんけい》がおかされ、おもに体の先の部分からおかされ始めるでんせんびょう。

象皮病《ぞうひびょう》　ひふが象《ぞう》の皮のように厚《あつ》くなる病気。

病気よりもむずかしかった問題は、病人を洗った水を、つきそいの家族が平気《へいき》でのむこと、ものを置いておけば、自分のものだと思って、持って行ってしまうこと、付きそいに来ている人に「ここにいると、あなたも病気にかかり死ぬけれども、それでもよいのか」と説明すると「兄弟のめんどうをみないよりは、いっしょに死にたい」とこたえること、ききんに備《そな》えようとして種をくばると、まかないで、たべてしまうことなどの現地《げんち》の人々の問題でした。

別な種類の問題もありました。薬やいりょう器具、小屋を建てるための費用、通訳《つうやく》やかんごをしてくれる人たちへの費用など、ほとんどを自分で集めなければなりませんでした。

また、第一次世界大戦（一九一四年―一九一九年）、第二次世界大戦（一九三九年―一九四五年）という、人類の歴史上かつてなかった大きな戦争にまきこまれたことです。ドイツこくせきをもっていたために、フランス軍によって、ほりょにされたこともありました。

ところが、シュヴァイツァー博士《はかせ》が、三八才ですてたと思っていたことが、その後の活動を助けてくれました。資金《しきん》を集めるために、ヨーロッパに行き、パイプ・オルガンの演奏《えんそう》会を開けば人々の絶賛《ぜっさん》を浴《あ》びました。講演《こうえん》をすれば、はにかみやの牧師であった彼の話が、人々の心にうったえました。それらの人々が、寄付金《きふきん》をささげてくれました。神学とてつがくの論文《ろんぶん》を発表すると、その独創《どくそう》的な理論《りろん》に人々はおどろきました。とくに、『イエス伝研究』、『バッハ伝』などは、それぞれの分野で、今も有名な本になっています。

シュヴァイツァー博士が、人々の心に、もっともうったえたのは、「生命への畏敬《いけい》」という考えでした。すべての動物や植物は、生きようとする強い力をもっています。しかし、人間は他《た》の生きものを殺して、それを食べて、自分が生きようとします。そのようにしてまで生きようとする命は、尊いものですから、人は生命を畏《おそ》れなければなりません。それが神の創造《そうぞう》されたこの世界です。この考えは、てつがくと神学を学んだ博士《はかせ》の深い思想でした。「生命への畏敬《いけい》」という博士の言葉は、アフリカにわたって、すぐのころ、船の上で、とつぜん頭にうかんできた言葉だったそうです。

一九五二年、七七才のとき、それまでの働きが評価《ひょうか》されて、シュヴァイツァー博士《はかせ》は「ノーベル平和賞」をあたえられました。賞金は自分たちの村にあるハンセン病患者《かんじゃ》の建物の改築費《かいちく》にあてました。

ランバレネ地方を含む現地《げんち》は、一九六〇年に「ガボン共和国」としてフランスより独立《どくりつ》しました。

一九六五年九月四日、シュヴァイツァー博士《はかせ》は、ランバレネの病院で九〇才でなくなりました。ろうすいによる脳血行不全《のうけっこうふぜん》でした。死ぬまえに、病院のしきちに植えた木の一本一本に、さよならをいいながら散歩したそうです。ひつぎの中には、ボロボロに使い古されたぼうしと布袋《ぬのぶくろ》（にわとりのえさをいれていた）が入れられ、八年前に、すでになくなっていたヘレーネ夫人の横にまいそうされました。その墓《はか》は、病院のしきちの中にあり、小さなコンクリートの十字架《じゅうじか》がひっそりと二つ並《なら》んでいます。「シュヴァイツァー平和記念病院」は、今もそのしきちで、人々のために仕《つか》えています。

（注1）宗教改革《しゅうきょうかいかく》。一五一七年にドイツ人マルチン・ルターが、カトリック教会に対して改革《かいかく》を起こし、ぶんりしてプロテスタント教会を立てた宗教《しゅうきょう》運動。

（注2）バッハ。一六八五年―一七五〇年、ドイツの作曲家、宗教《しゅうきょう》音楽をたくさん作曲した。

シュバイツァー夫妻

考えてみよう

1　尊《とうと》い生命を食べて生きようとする尊《とうと》い生命を、人は畏《おそ》れなければなりません。人の命の尊《とうと》さについて、考えてみましょう。

2　人間の命、動物の命、植物の命には、どのようなちがいがあるでしょうか。

16　新渡戸稲造《にとべいなぞう》　―心の広い人―

（国際《こくさい》）

「ほかの種は良い土地に落ち、芽生《めば》え、育って実を結び、あるものは三十倍、あるものは六十倍、あるものは百倍にもなった。」（マルコによる福音書《ふくいんしょ》　四・八）

日本の国は、一八六七年の明治いしんによって、大きく変わりました。二六〇年もつづいてきた江戸時代が終わり、武士《ぶし》の制度《せいど》がなくなり、多くの武士《ぶし》が、生活に困《こま》りました。

明治いしんの五年前、一八六二年九月一日、東北の南部藩《なんぶはん》の藩士《はんし》の子として、新渡戸稲造《にとべいなぞう》は、今の岩手県盛岡市《もりおかし》で生まれました。けっしてゆうふくな家ではありませんでした。稲造《いなぞう》は兄と姉といっしょに、毎晩《まいばん》、ろばたで、お父さんが読んでくれる本を聞いていました。お母さんは、かたわらで針《はり》仕事をしていました。とても幸せな家庭でした。

江戸時代の最後の年、一八六七年に、稲造《いなぞう》は真剣《しんけん》を身に着けるぎしきをしました。その年の暮《く》れに、父がなくなりました。稲造《いなぞう》がまだ六才のときでした。六人の子をお母さん一人で育てなくてはなりませんでした。お母さんは、おじいさんやおじさんと相談して、子どもたちに、論語《ろんご》や孟子《もうし》の勉強だけでなく、英語を習わせました。

一〇才になったとき、おじさんが、稲造《いなぞう》を東京によび寄《よ》せて、学校に通わせてくれました。盛岡《もりおか》から東京まで、当時は歩いて一〇日もかかりました。おじさんには、子どもがなかったので、稲造《いなぞう》は太田家《おおたけ》の養子《ようし》になり、太田稲造《おおたいなぞう》という名になりました。おじさんは、とても、ものわかりのよい人で、稲造《いなぞう》は大好きでした。おじさんは、よく、

「うんと勉強しろ、家名《かめい》をけがすな、有名な人になって、薩長《さっちょう》の人ら（注1）を見返すような人になれ」

と、言いました。このような江戸時代のものの考え方と道徳《どうとく》が、稲造《いなぞう》の心の中に植《う》えこまれていきました。しかし、時代は大きく移《うつ》り変わっていました。

稲造《いなぞう》が入った学校は、旧《ふる》い盛岡藩《もりおかはん》の子供たちが、東京に出てきて学ぶ学校だったのですが、英語教育に力を注いでいました。仏教、神道《しんとう》、儒教《じゅきょう》という、古くから日本に伝わってきた教えをもった人々が、明治いしんの時代に、英語の勉強に明け暮《く》れていたのです。特に、稲造《いなぞう》は幼《おさな》いときから英語の勉強が好きでした。

一四才になり、東京英語学校に入学しました。この学校は今の高等学校にあたり、後の東京大学に入るための学校でした。東京に住んでいる学生も、寄宿舎《きしゅくしゃ》に入り、共同生活をしました。後に有名になるキリスト教の説教者内村鑑三《うちむらかんぞう》や植物学者宮部金吾《みやべきんご》と同級生になりました。一年せんぱいには、後に北海道大学の初代校長になる佐藤昌介《さとうしょうすけ》や講道館柔道《こうどうかんじゅうどう》の設立者嘉納治五郎《かのうじごろう》などがいました。

稲造《いなぞう》の英語の力は、急速に上達しました。英語で話すことだけでなく、聖書を読み、シェークスピア（注２）やミルトン（注３）などの本を英語で読むことができました。

ちょうどそのころ、日本の政府は、北海道をかいたくして発展《はってん》させようと、アメリカのマサチューセッツ農科大学学長であったウィリアム・クラーク博士《はかせ》を一年間の特別校長としてまねき、札幌《さっぽろ》農学校を開きました。稲造は、農業が国の根本をなすことを聞いていたので、札幌《さっぽろ》農学校に進学することにしました。しかし、もう一つ切実な理由がありました。それは授業料《じゅぎょうりょう》、寄宿料《きしゅくりょう》、生活費などを国が出してくれることでした。明治時代の始めには、かつて武士《ぶし》であったのに貧《まず》しくなっていた人々が多かったのです。

札幌《さっぽろ》農学校は、稲造《いなぞう》が入学する一年前に開校していました。わずか一五、六名の少人数でした。東京英語学校で一年せんぱいの佐藤昌介《さとうしょうすけ》さんが入学していました。開校したときの先生は、クラーク先生、自然科学のホイラー先生、数学のベンハロー先生がいました。授業《じゅぎょう》はすべて英語で行われました。授業《じゅぎょう》はまず聖書を読んで始まりました。寄宿舎《きしゅくしゃ》では、きとう会があり、日曜日には、学生が聖書に関連した話をして礼拝《れいはい》しました。特にクラーク先生のえいきょうが強く、全員が「イエスを信じる者のちかい」に署名《しょめい》しました。このような教育は、日本では、まさに型破《かたやぶ》りな教育でした。

クラーク先生は「学生に徳育《とくいく》をほどこすには、聖書による以外に道はない」と言って、このような教育をしました。日本の仏教的《ぶっきょうてき》、神道的《しんとうてき》、儒教的《じゅきょうてき》な教育を受けてきた青年たちに、ただひとりの神、天地の創造者《そうぞうしゃ》である神を教えました。

一八七七年、一六才のとき、太田稲造《おおたいなぞう》は、内村鑑三《うちむらかんぞう》や宮部金吾《みやべきんご》と共に、札幌《さっぽろ》農学校の二期生として入学しました。クラーク先生は、もう去っていましたが、他の先生は残っていました。稲造《いなぞう》の英語の力は、さらにみがきがかかりました。学校にある多くの英語の本を読みました。そのために目を悪くしてしまいました。聖書の勉強もしました。内村鑑三《うちむらかんぞう》、宮部金吾《みやべきんご》らとともに、札幌《さっぽろ》市内のメソジスト派《は》の宣教師《せんきょうし》、ハリス牧師から洗礼を受けました。

洗礼を受けたけれど、稲造《いなぞう》は自分が本当に神を信じているのかどうか疑問《ぎもん》を持っていました。それに答えてくれたのも、また、英語の本でした。あるアメリカの雑誌を読んでいる時に、

「神の 存在論《そんざいろん》や霊《れい》のふめつ論《ろん》は、今後二〇年、いや三〇年研究しても、とうてい解決《かいけつ》できるものではなく、ただ信じて解《と》ける問題である」

という文章に出会いました。ちょうどそのようなとき、稲造《いなぞう》の愛するお母さんがなくなりました。

二〇才で、札幌《さっぽろ》農学校を卒業しました。国の費用で学んだのですから、北海道にある国の役所《やくしょ》で働き始めました。二二才になり、東京大学に入学しました。農業政策《せいさく》の研究を深めるためでした。そのとき面接《めんせつ》してくれた先生に、稲造《いなぞう》は、将来「太平洋のかけ橋になりたい」と言いました。稲造《いなぞう》は得意の英語を使って、日本と西洋の橋渡《はしわた》しをしたいと思いました。大きな期待をもって入学したのですが、あの札幌《さっぽろ》農学校のような熱気を感じることができず、稲造《いなぞう》は留学《りゅうがく》したいと思うようになりました。

二三才になり、アメリカのジョンズ・ホプキンス大学に入学しました。せんぱいの佐藤《さとう》昌介《しょうすけ》さんがそこで学んでいました。クエーカー教徒《と》のジョンズ・ホプキンスという人が寄付《きふ》してできた大学でした。クエーカーというのは、プロテスタント教会の一つで、牧師のような制度がなく、ちんもくの礼拝を守り、聖霊《せいれい》に導《みちび》かれたと感じた人が、その場で立ち上がって話をするというめずらしい教会です。しかし、稲造《いなぞう》はこれがすっかり気に入りました。

「どのような時も霊《れい》に助けられて祈りなさい。」（エフェソ　六・一八）

アメリカの生活に慣《な》れるにしたがい、稲造《いなぞう》は日本のことを、しょうかいする文章を新聞や雑誌《ざっし》に書くようになり、また講演《こうえん》をたのまれてするようになりました。げんこうなしで、一時間もの講演《こうえん》を英語でしました。幼少《ようしょう》のころから学んできた英語と、彼が受けて来た日本的な教育、聖書の知識《ちしき》・教養の花が一気に開いてきました。フィラデルフィアでも講演《こうえん》しました。ここはクエーカー教徒の多い町でした。ここでメアリー・エルキントンというクエーカー教徒の女性と出会いました。人種のちがう人とのけっこんを、家族も友人も、みな反対しました。

二人のえらいところは、五年もの年月をかけて、反対する人々を説得したことです。三〇才でけっこんしました。みなから祝福されました。その間にドイツに留学《りゅうがく》したり、兄がなくなったために新渡戸姓《にとべせい》にもどったりしました。けっこんと同時に、日本に帰国し、札幌《さっぽろ》農学校の教授《きょうじゅ》になりました。翌年《よくねん》、男の子が生まれ、遠益《とます》（トマス）と名づけましたが、弱くて間もなく、なくなりました。どれほど悲しんだことでしょうか。その後は、子どもが、あたえられませんでした。

日本に来てから、妻《つま》のメアリーは、日本人の習慣《しゅうかん》や考え方について、夫《おっと》の稲造《いなぞう》に、「これはどのような理由で行われているのですか」と質問《しつもん》しました。そのような話し合いの中で、西洋の人々に日本と日本人について知ってもらうために、『BUSHIDOU, The Soul of Japan』（『武士道《ぶしどう》―日本の心』）という英語の本を出版しました。かれが三八才のときでした。

「あなたは『武士道《ぶしどう》』を書いた新渡戸《にとべ》さんですか」

と、世界中の人々に言われるほどに、有名な本になりました。

これはけっして武術《ぶじゅつ》の本ではありません。新渡戸稲造《にとべいなぞう》が育てられてきた日本人の精神について説明している本です。いわば日本人の道徳《どうとく》についての本です。日本人の精神の源《みなもと》には、仏教《ぶっきょう》と神道《しんとう》と儒教《じゅきょう》があること、そこから「義《ぎ》」、「勇気」、「仁《じん》」、「礼」、「信《しん》と誠《まこと》」、「めいよ」、「忠義《ちゅうぎ》」、「克己《こっき》」などが出てきました。そして、さらに「切腹《せっぷく》とあだうち」「武士《ぶし》のたましい、刀」、「女性《じょせい》の教育と地位」などを語り、さらに、しょみんにまで、えいきょうをおよぼしている、武士道《ぶしどう》という日本人の心あるいは精神を説明していいます。たとえば、日本人の精神は桜《さくら》にたとえられていいます。それは美しさや潔《いさぎよ》さなどが重んじられる精神です。

この本は、武士《ぶし》の家に生まれ、キリスト教徒になり、そして国際的《こくさいてき》な教養を身につけた稲造《いなぞう》だからこそ書けるものでした。この一冊《さつ》の本で、日本が世界地図の中のどこにあるかも知らなかった西洋の人々に、日本というすばらしい国を知らせ、本当に「太平洋のかけ橋」になることができました。しかし、武士道《ぶしどう》という精神には、キリスト教のような天地創造《そうぞう》から始まり、世の終わりまでを語る歴史的な深さや、人間の罪や神の無限《むげん》の愛という思想がふくまれていないために、やがて歴史から消えてゆくであろうことを稲造《いなぞう》は見ています。それでも、かれは武士《ぶし》の子として、武士道《ぶしどう》のかおりだけでも残ってほしいと願っていました。

この本だけが稲造《いなぞう》を、国際《こくさい》社会のかけ橋にしたのではなく、かれが五九才のときに、当時できた国際連盟《こくさいれんめい》の事務局次長になり、その教養と弁舌《べんぜつ》によって、本当に「世界のかけ橋」になって働きました。稲造《いなぞう》とつきあった世界中の人々は、かれが本当に平和を愛する、心の広い、信仰の人であることを知りました。

キリストの教えは、かれが受けてきた日本的な心の土地で、「三十倍、六十倍、百倍の実」を結んだと言えるのではないでしょうか。

稲造《いなぞう》は、札幌《さっぽろ》農学校の教授《きょうじゅ》、京都大学の教授《きょうじゅ》、第一高等学校の校長、東京大学の教授《きょうじゅ》、東京女子大学の学長になり、どの学校においても、優《やさ》しく親切に接《せっ》してくれる先生として学生にしたわれました。

しかし、よいことばかりではありませんでした。日本国は国際連盟《こくさいれんめい》をだったいし、戦争へと進んで行きました。そして、うよくの人々から、稲造《いなぞう》は激《はげ》しくあっぱくされるようになっていきました。それでも世界の平和を願って、カナダで開かれた民間の太平洋会議に出席しました。会議中に病にたおれ入院しました。「水の音を聞きたい」というかれの願いに、メアリー夫人は病室の中で、ゴム管で水がしたたり落ちる工夫《くふう》をして聞かせてあげました。一九三三年一〇月一五日、七一才と一か月で、すいぞうがんのため、カナダでなくなりました。そうしきは、日本でクエーカー教会の式で営《いとな》まれ、せんぱいの佐藤昌介《さとうしょうすけ》さんがとりしきってくれました。妻《つま》のメアリーさんは、五年後の一九三八年に、軽井沢《かるいざわ》でしんぞう病のためなくなりました。幼《おさな》くしてなくなった遠益《とます》ちゃんと共に、家族そろって東京の多磨墓地《たまぼち》にお墓《はか》があります。

(注1)「薩長《さっちょう》」とは、江戸時代の薩摩藩《さつまはん》、長州藩《ちょうしゅうはん》の人たちのことで、盛岡藩《もりおかはん》とは敵対《てきたい》していました。盛岡藩《もりおかはん》は、かれらと戦い、やぶれました。

（注２）シェークスピア。一五六四年―一六一六年。イギリスの劇作家。「ハムレット」や「オセロ」などの作品を作りました。
（注３）ミルトン。一六〇八年―一六七四年。イギリスの詩人。「パラダイス・ロスト」（「失楽園《しつらくえん》」）などの詩を作りました。

新渡戸稲造

考えてみよう

1　人間は心にあることを実行します。心にキリストが宿っていれば、キリストのように行動するでしょう。心に武士道があれば、そのように行動するでしょう。新渡戸稲造には、この二つが、両方共あったように見受けられます。あなたの心には何があるでしょうか。

2　すべての国が仲よく協調しようとする「国際主義《こくさいしゅぎ》」と自分の国の特色を強調する「民族主義」について、あなたは、どのように考えますか。

17　内村鑑三《うちむらかんぞう》　―心の高い人―

「義《ぎ》のために苦しみを受けるのであれば、幸いです。人々をおそれたり、心を乱したりしてはなりません。」（ペトロの手紙一、三・一四）

（人生）

江戸時代の終わりころ一八六一年三月二三日、内村鑑三《うちむらかんぞう》は高崎藩士《たかさきはんし》内村宜之《よしゆき》の長男として生まれました。四書五経《ししょごきょう》（注1）をそらんじていたという父の前で、鑑三《かんぞう》は五才のときから儒教《じゅきょう》と武士道《ぶしどう》によって育てられました。

過《あやま》ちて改《あらた》めざる、これを過《あやま》ちという
知らざるを知らずとなす、これ知るなり

このような儒教《じゅきょう》の教えを、鑑三《かんぞう》は正座《せいざ》して父から学びました。

鑑三《かんぞう》が七才になったとき、二六〇年続いた徳川幕府《とくがわばくふ》はたおれ、日本国は天皇《てんのう》を元首《げんしゅ》とする明治政府《せいふ》になりました。廃藩置県《はいはんちけん》により、父は失職《しっしょく》しました。

「鑑三《かんぞう》、これからは英語の時代が来る。英語を学びなさい。」

「はい。父上。」

鑑三《かんぞう》は一〇才のときから英語を学び始めました。一二才のとき、東京に一人で送り出され、外国語学校に入学しました。

「鑑三《かんぞう》君、ぼくたち三人だけのときには、英語で話し、絶対《ぜったい》に日本語を話さないように約束しないか」と話しかけてくる友だちがいました。

「いいよ。絶対《ぜったい》に英語だけを話すんだよ。」

はたして、この約束がどのくらい続いたかは、だれも知りません。友だちというのは太田稲造《いなぞう》君（後に新渡戸《にとべ》姓、注２）と宮部《みやべ》金吾《きんご》君（注３）でした。この三人は互いにしょうがいの友となりました。

一六才になったとき、

「官費特待生募集《かんぴとくたいせいぼしゅう》　札幌《さっぽろ》農学校」

という宣伝を目にしました。三人が学んでいた外国語学校は、そのままやがて東京大学に入学できる学校でした。鑑三《かんぞう》は経済的《けいざいてき》に苦しい家庭の事情を考えて、授業料《じゅぎょうりょう》のいらない札幌《さっぽろ》農学校に進む決心をしました。太田《おおた》君も宮部《みやべ》君も同じ道を歩むことになりました。

明治政府《せいふ》はアメリカから農業の学者を一年の約束でまねいて「札幌《さっぽろ》農学校」（４）を開設

し、将来《しょうらい》の北海道開発の指導者養成《しどうしゃようせい》を始めました。まねかれた人がウィリアム・S・クラーク博士《はかせ》でした。アメリカのアマースト大学という小さなキリスト教の大学を卒業していた人でした。「大学は小さく、少人数であるべきだ」という考えで運営《うんえい》されていた大学でした。そこは「宣教師養成学校《せんきょうし》」と人々から言われていたほどで、卒業生の中から多くの宣教師《せんきょうし》や牧師になる人が出ました。

クラーク先生が来て、開校式のときの学生は一五名でした。そのときすでに五〇才になっていたクラーク先生は、授業《じゅぎょう》の初めにまず聖書を読み、聖書の話をして祈り、そして授業《じゅぎょう》を始めました。学校には寮《りょう》がついていました。日曜日には礼拝がありました。きとう会もありました。アマースト大学と同じようでした。クラーク先生の熱血指導《しどう》で、学生たちは「イエスを信じる者のせいやく」に署名《しょめい》して、熱心な信者になりました。クラーク先生が、一年のやくそくを終えて帰国したとき、馬上より「Boys be ambitious!」（ボーイズ　ビー　アンビシャス）と言って、雪原のかなたに馬を走らせたということは有名です。

クラーク先生が去ったのち、入れかわりのように、一六才の少年内村鑑三《うちむらかんぞう》は、船で小樽《おたる》に行き、そこから陸路、馬車にゆられ札幌《さっぽろ》に着きました。そのころの北海道は、人口がわずか一〇万人ほどで、札幌市《さっぽろ》には二千人から三千人の人々が住んでいたにすぎません。まさにかいたく前の北の大地でした。太田《おおた》君も宮部《みやべ》君もやってきました。

「ぼくは、この学校のふんいきが合わない。大きらいだ。」

鑑三《かんぞう》は、学内のキリスト教とそのふんいきに、はんこうしました。しかし、すぐに鑑三《かんぞう》は一五名ほどの第二期生の中で、もっとも熱心なしんこうをもちました。一七才になったとき、一八七八年六月二日、札幌《さっぽろ》の町で伝道を始めていたメソジスト派《は》（注５）の教会の牧師館で、太田《おおた》君、宮部《みやべ》君をふくむ他の六名の学生と共に洗礼を受けました。

学校の中にある寮《りょう》の生活は、しんこうにあふれていました。日曜日には当番の学生の部屋で礼拝をもちました。説教はその部屋の学生がしました。きとう会も同じでしたが、説教はなく、ただ熱心に祈りました。休みのときに、外に散歩に出かけると、野原ですぐにきとう会がはじまるほどでした。体育の先生から「それほど長く座《すわ》っていると、ひざに悪い」と注意されるほどでした。学校はちょうど神学校のようでした。あのアマースト大学のように。

四年間の青春時代が終わり、卒業しました。卒業までに、鑑三《かんぞう》はアルバート・バーナーズという神学者の聖書注解書（注６）の全巻《ぜんかん》を読み終えました。それは、一〇才から始めていたとはいえ、彼の英語の能力《のうりょく》が、特別にすぐれていたことをしょうめいしています。彼は水産学を専攻《せんこう》していましたが、すべての学科がゆうしゅうで、卒業の時、さいゆうしゅう学生として、ひょうしょうされました。

卒業後、北海道庁の公務員《こうむいん》になりました。一年先に卒業していたせんぱいと協力して「札幌《さっぽろ》わりの人たちのふくえんのすすめも受け入れませんでした。

かれはひとこともいいませんでした。赤ちゃんができていたことが、後でわかりましたが、ま

が、わずか数か月でりこんしました。理由はまったくわかっていません。そのことについて、

人でした。そのような彼に人生最初のざせつがやってきました。二四才でけっこんしたのです

独立教会《どくりつ》」を作りました。鑑三《かんぞう》は常《つね》にまっすぐな人でした。努力の人でした。何事にも熱心な

その年のうちに彼はアメリカに旅立ちました。

新島襄《にいじまじょう》（注7）のしょうかいでアマースト大学に入学しました。学校に着いたとき、彼のポケットには七ドルが入っていただけでした。鑑三《かんぞう》をなぐさめてくれたのは、学長のジュリアス・H・シーリー先生の礼拝説教でした。先生は、なみだをたたえたライオンのような目を持った、にゅうわな人でした。純真《じゅんしん》なしんこうからあふれ出てくる説教は、常《つね》に、イエスの十字架《じゅうじか》によるすくいでした。イエスの愛こそが人を変えます。それが鑑三《かんぞう》を変えました。

一八八六年三月八日、彼は聖霊《せいれい》に導《みちび》かれたふしぎな体験をしました。

「三月八日。私のしょうがいの大切な日。私はキリストの十字架《じゅうじか》上で流された血による罪《つみ》のゆるしを、今日《きょう》ほど強く感じたことはない。今までの私の苦しみは、すべて神の御子《みこ》の十字架《じゅうじか》上の苦しみの中に、とけこんでしまった…」と日記に書いています。（注8）人は神のせっきんを一度でも体験すると、そのかんめいを、しょうがい忘《わす》れることができません。鑑三《かんぞう》はそのような体験をしました。

17　内村鑑三《うちむらかんぞう》　―心の高い人―

「主はわたしに油を注《そそ》ぎ
主なる神の霊《れい》がわたしをとらえた。」（イザヤ　六一・一）

アマースト大学では、鑑三《かんぞう》は水産学のほかに聖書を学びました。かれが選んだ学科「旧約聖書の歴史―一神教《いっしんきょう》について」は受講生《じゅこうせい》が、かれ一人でしたから、一対一で、三つの学期の間、教授《きょうじゅ》から、じかに教えてもらうことができました。

アマースト大学を卒業後、牧師になるためにハートフォード神学校に入学しました。しかし、のんびりした学校のふんいきになじめず、すぐに退学《たいがく》して帰国しました。一八八八年のことで二七才になっていました。両親の待つ東京の家に着き、やせた母の姿《すがた》を見てなみだを流しました。父はいつものようにかんだいで、武士《ぶし》のようでした。鑑三《かんぞう》は家族を養うために、すぐに教師《きょうし》として働き始めました。しかし、最初につとめた新潟県の学校は、宣教師《せんきょうし》と意見が合わず、わずか四カ月でやめました。東京にもどり、東洋英和学校などで、りんじの教師《きょうし》をし、第一高等学校の教師《きょうし》になりました。さいこんをしました。

ようやく安定した生活が始まったとき、学校で大きな事件にそうぐうしました。一八九一年一月九日、「教育ちょく語奉読式《ほうどくしき》」がありました。校長、教頭につづき、三番目に鑑三《かんぞう》がだんじょうに上がり「教育ちょく語」に深々《ふかぶか》と頭を下げて拝礼《はいれい》しなければなりません。

「なんじ、ぐうぞうを、拝《おが》むべからず。」（出エジプト　二〇・五、文語訳）

鑑三《かんぞう》は前に進み出ましたが、拝礼《はいれい》することなく、だんをおりました。日本は明治以来、富国《ふこく》強兵策《きょうへいさく》のもとで、天皇《てんのう》を中心にした軍の強い国家を目指していました。その教育ちょく語の書かれた紙には天皇《てんのう》の印がおしてありました。ただそれだけのものでした。

「内村《うちむら》先生は、天皇《てんのう》に対して非礼《ひれい》だ。」

一部の学生がさわぎ、それを新聞が報道《ほうどう》しました。鑑三《かんぞう》は、一夜にして非国民《ひこくみん》のレッテルをはられ、学校をおわれました。寒い冬のため、新妻《にいづま》のかずが流感にかかり、四月になくなってしまいました。

鑑三《かんぞう》をなぐさめ、はげましてくれたのは、新渡戸《にとべ》君と宮部《みやべ》君でした。鑑三《かんぞう》は北海道に行き、一か月かれらの家で過《す》ごし、東京にもどり、大阪に、名古屋に、熊本に、京都にと、かくれるように移《うつ》りすみ、六年間、りんじの教師《きょうし》をしてしのぎました。寒い冬の京都で、万国博覧会《はくらんかい》の英語の看板《かんばん》書《が》きのためにアルバイトに向かう鑑三《かんぞう》の姿《すがた》が見かけられました。うえ死にしそうになった日々もありました。

「キリストのために苦しむことも、恵みとして与えられているのです。」

（フィリピの信徒への手紙　一・二九）

良いこともありました。苦しい生活の中で、後に有名になる本『求安録《きゅうあんろく》』や〝How I Became A Christian : Out of My Diary〟(『余はいかにして基督者《きりすとしゃ》となりしか—日記より』)などを書きました。教会で説教をするきかいも、あたえられました。親切にしてくれる人々にも出会いました。なにより、ある人のしょうかいを受けて三度目のけっこんもできました。

苦しみの中で、鑑三《かんぞう》はさらに強くなりました。新聞のへんしゅうしゃとして東京にもどりました。政府《せいふ》が進めていた日露《にちろ》戦争への反対論《ろん》(非戦論《ひせんろん》)を新聞に発表しました。足尾銅山《あしおどうざん》の鉱毒《こうどく》事件を取り上げました。

かれは新聞社をやめ、独立《どくりつ》伝道者(注9)になる決心をかためました。

三九才になったときに、後に有名になる『聖書之《の》研究』という雑誌《ざっし》を発行し始めました。日曜日には自宅《じたく》で「集会」を始めました。彼の集会は「無教会」とよばれます。愛するむすめのルツ子が病気でなくなりました。関東大震災《だいしんさい》にもあいました。しかし、雑誌《ざっし》の発行と集会は、その後三〇年間、休むことなく続けられました。彼の人生の後半は、ただひたすらに聖書を人々に語ることでした。

貧困《ひんこん》、病気、こどく、妻《つま》の死、人々の誤解《ごかい》、また愛するむすめの病死、教育界や宗教界《しゅうきょうかい》の人々との論争《ろんそう》など、江戸時代から始まり、明治維新《いしん》を経験し、昭和時代まで、彼の一生は戦闘《せんとう》のしょうがいでした。しかし、また潔《いさぎよ》い生き方をしたしょうがいでもありました。かれは牧師という制度《せいど》をきらいましたが、もっとも牧師らしい牧師であったともいえます。

一九三〇年三月二八日に六九歳と二日でなくなりました。さいごの言葉は「非常《ひじょう》に調和がとれているがこれでよいのか」（注10）でした。

内村鑑三

（注1）四書五経《ししょごきょう》。「四書《ししょ》」は中国の紀元前六世紀から五世紀ころの学者孔子《こうし》の教えに基づいて書かれた「大学」「中庸《ちゅうよう》」「論語《ろんご》」という三つの書、そして紀元前四世紀から三世紀の学者孟子《もうし》の教えの書かれている書物、合計四つの書を指す。「五経《ごきょう》」は中国の儒教《じゅきょう》の五つの経典《きょうてん》。

（注2）宮部金吾《みやべきんご》（一八六〇年—一九五一年）。後に東北大学などの教授《きょうじゅ》になった植物学者。

（注3）新渡戸稲造《にとべいなぞう》（一八六二年—一九三三年）。後に京都大学などの教授《きょうじゅ》、国際連盟事務《こくさいれんめいじむ》次長などになった。
（注4）札幌《さっぽろ》農学校は後に北海道大学になった。
（注5）メソジスト派。イギリスにおいてJ・ウェスレーという人が一八世紀に始めたプロテスタント教会の一つの教派《きょうは》。
（注6）「注解書《ちゅうかいしょ》」。聖書の各章・各節をくわしく説明している書物。
（注7）新島襄《にいじまじょう》（一八四三年—一八九〇年）。アマースト大学卒業。同志社《どうししゃ》大学創設者《そうせつしゃ》。
（注8）内村鑑三著《うちむらかんぞうちょ》『内村鑑三《うちむらかんぞう》全集3』(1893-1896)　岩波書店、二〇〇一年、巻末 "How I Became A Christian : Out of My Diary" pp.117-118。はじめ英語で出版《しゅっぱん》された。
（注9）独立《どくりつ》伝道者。どの教派《きょうは》にも属《ぞく》さず、教会や牧師の制度《せいど》にとらわれず、キリスト教の伝道をする人。
（注10）鈴木範久著『内村鑑三の人と思想』、岩波書店、二〇一二年。二二六頁。
○最初のけっこんのときの子は、母の実家にもどり、おじの養女《ようじょ》となり、群馬県で小学校の教員となりました。キリスト信者となり、父を尊敬《そんけい》し、その著書《ちょしょ》を愛読しました。
○子息《しそく》の内村祐之《うちむらひろゆき》氏（北海道大学教授《きょうじゅ》）は、父のりんじゅうを「戦闘《せんとう》のしょうがいにくらべると、なんと平安な最期《さいご》だったことでしょうか」と語っています。

考えてみよう

1　内村鑑三という人について、あなたはどのような感想をもちましたか。

2　いろいろな人の意見をよく聞くことは大切です。また、「これは絶対《ぜったい》に正しい」と信じることを主張《しゅちょう》し、行動することも大切です。この二つの考え方にたいして、あなたはどのように考えますか。

著者紹介
鈴木崇巨（すずき　たかひろ）
一九四二年、三重県生れ。東京神学大学大学院、南メソジスト大学大学院、神学博士。日本基督《きりすと》教団東舞鶴教会、田浦教会、頌栄《しょうえい》教会、ホイットニー記念合同メソジスト教会、聖隷《せいれい》クリストファー大学などの牧師を歴任《れきにん》。

絵・井上達夫、中臺愛梅、吉田ようこ

「教師用指導要領をご希望の方は、直接お申し込みください。
メール・アドレス s.takahiro.chinohate@gmail.com」

メモ

メモ

メモ

小学五・六年
写真転載
◯升崎外彦
新版『荒野に水は湧く』
田中芳三著　クリスチャン・グラフ社

◯シュヴァイツァー博士
『シュバァイツァー』―世界偉人自伝全集３―
塩谷太郎訳・編　小峰書店

はやぶさの写真…『小惑星探査機「はやぶさ」宇宙の旅』佐藤真澄著　汐文社

写真提供
・新渡戸稲造、内村鑑三…ＮＰＯ法人今井館教友会

『キリスト教　どうとく副読本』
小学校五年、六年
よろこび

2017年11月30日　初版第1刷発行

著　者　鈴木崇巨
発行者　白井　隆之

発　行　所　燦葉出版社　東京都中央区日本橋本町4－2－11
電 話 03（3241）0049　〒103－0023
FAX 03（3241）2269
http://www.nextftp.com/40th_over/sanyo.htm
印　刷　所　株式会社ミツワ

Ⓒ 2017 Printed in Japan
落丁・乱丁本は、ご面倒ですが小社通信係宛ご送付下さい。
送料は小社負担にてお取り替えいたします。